Dedi

Para: _____

_De:_ _____

Fecha: _____

JVH PUBLICATIONS

Un análisis de la desmembración de la sociedad

SÉ LIBRE del RENCOR

doctores
josé y lidia zapico

Publicado por
Editorial Unilit
Miami, Fl. 33172
Derechos reservados

© 2010 Editorial Unilit (*Spanish edition*)
Primera edición 2010

© 2009 José y Lidia Zapico
Todos los derechos rezapados.

Reservados todos los derechos. Ninguna porción ni parte de esta obra se puede reproducir, ni guardar en un sistema de almacenamiento de información, ni transmitir en ninguna forma por ningún medio (electrónico, mecánico, de fotocopias, grabación, etc.) sin el permiso previo de los editores. La única excepción es en breves citas en reseñas impresas.

Fotografía de los autores: Jim Midei
Diseño de la portada: Esteban Zapico / Ximena Urra
Diseño interior: Esteban Zapico
Imágenes e ilustraciones: Images © 2010 Merkushev Vasiliy; Magicinfoto; Shadow216; Stasya555.
Usadas con la autorización de Shutterstock.com.
Gustave Dore Morte, Agag. Public domain.

El texto bíblico ha sido tomado de la versión Reina Valera © 1960 Sociedades Bíblicas en América Latina; © renovado 1988 Sociedades Bíblicas Unidas. Utilizado con permiso.

Producto 494800
ISBN 0-7899-1805-6
ISBN 978-0-7899-1805-5

Impreso en Colombia
Printed in Colombia

Categoría: Vida cristiana /Vida práctica /Autoayuda
Category: Christian Living /Practical Life /Self Help

Contenido

Agradecimientos 7

Prólogo 9

Introducción 13

    1. Odio generacional 17

    2. Xenofobia 39

    3. El caminar de nuestra sociedad 57

    4. Las cuevas de Edom 75

    5. La señal de la traición 91

    6. Alcanza el éxito en medio de la presión 103

    7. Conoce a Amalec 115

    8. El resurgimiento de Agag 125

    9. El poder del anillo de sellar 137

    10. La estirpe herodiana 157

    11. De serpiente a dragón 171

    12. ¡Libres del rencor! 193

Bibliografía 207

Agradecimientos

Queremos agradecer en forma muy especial a Esteban, nuestro hijo, así como a Tatiana Figueroa, por la ayuda incondicional que nos dieron en la elaboración de este proyecto. También a Odelaysis Saco por su cooperación y ayuda en el área de investigación y análisis.

Asimismo, reconocer al equipo de intercesión de la Iglesia Jesús Vive Hoy por sus oraciones y apoyo durante el tiempo que estuvimos desarrollando este libro. Finalmente, a todos los miembros de la Iglesia Jesús Vive Hoy, en general, por su fidelidad y perseverancia.

Prólogo

¿Qué es el odio? Si no es lo que siente una mujer maltratada y golpeada por un esposo abusador, que a su vez se despoja del dolor de su alma porque vio a su padre hacer lo mismo con su madre. ¿Qué es el odio?, se puede preguntar un joven alcoholizado y sucumbido en un ambiente de drogas desenfrenado cuando recuerda con dolor el día que de niño sus padres lo abandonaron, dejándolo tirado a su suerte. ¿Qué es el odio?, se preguntan médicos, siquiatras, filósofos, teólogos o estadistas que no encuentran respuestas en cientos de páginas de libros académicos, en donde intentan conocer el porqué el género humano no se puede exorcizar por sí misma de los demonios que atormentan sus almas en las noches de soledad, cuando no queda nada más allá que los recuerdos de las heridas del pasado en una fría noche de invierno...

El odio es lo contrario al amor y viene de una misma fuente que está dentro del corazón en los seres humanos. Cada uno de nosotros elige odiar y guardar ese dolor oculto en nuestra alma o amar y perdonar a los que nos han hecho daño. Al leer este maravilloso libro escrito por los doctores José y Lidia Zapico, puedes ver cómo el rencor ha avanzado a través de las generaciones y lo que empezó como el odio de un hermano hacia otro desde el inicio de la creación, hoy es como una plaga generacional de destrucción y maldad que es capaz de asolar y destruir vidas, familias y naciones enteras. Este libro no solo te mostrará una radiografía exacta de lo que es el odio, cómo nace en los corazones y cómo se extiende en las vidas de todos aquellos que han sido oprimidos por este mal, que destruye de manera física y anímica las vidas de las personas. Además, cómo el espíritu del odio es un monstruo que se ha ido transformando de generación en generación a través de las edades, siendo hoy en día el motor de destrucción que acaba vidas, elimina razas, destruye etnias, pisotea creencias y paraliza a través del miedo y la intimidación las vidas de seres humanos que huyen de un lado para otro perseguidos por otros que no piensan igual que ellos.

Es interesante ver cómo los hombres han intentado por sí mismos zafarse de sus propios temores sin poder lograrlo. Cada vez son más las personas atormentadas en sus mentes por el miedo al fracaso, a no ser felices y no lograr lo que la sociedad ha determinado como éxito. Muchos le echan la culpa a su pasado, a lo que no tuvieron en su infancia, a la falta de oportunidades de las que carecieron a lo largo de sus vidas; muchos de ellos se han enojado con Dios y se odian a sí mismos por no haber logrado unas metas que ni siquiera eran para ellos o que eran imposibles de alcanzar.

El hombre no ha entendido que el mundo espiritual es más real que el mundo natural que podemos ver con nuestros propios ojos, y esto es utilizado por el enemigo de las almas que tiene como único objetivo destruir al ser humano para que este no alcance el propósito original con el que fue creado por Dios.

Es tiempo de revisarnos a nosotros mismos, y ver qué es lo que hay escondido en las cuevas de nuestro corazón para poder ser verdaderamente libres. Es tiempo de ponernos a cuentas con Dios y reconocer que áreas de nuestra vida no han sido tratadas por el Sanador Divino. Es tiempo de levantar los ojos al cielo y pedirle a Dios que venga y restaure lo que por tantos años ha sido destruido por el rencor en nuestras vidas y en nuestras familias.

Este libro te ayudará a ser libre del rencor y a entender el porqué este se ha manifestado a lo largo de la vida de tus generaciones. Es tiempo de que seas libre de este mal que aqueja a nuestra sociedad, y que sientas la verdadera libertad en el espíritu que solo podemos lograr cuando reconocemos que necesitamos salir del lugar de donde nos encontramos.

Con aprecio en Cristo,
Apóstol, Dr. Sergio Enríquez
Ministerios Ebenezer

Introducción

Nuestra sociedad sufre los efectos de las ondas producidas por las décadas del pasado. Hoy en día, el odio y la venganza no solo están arraigados en el crimen organizado, sino que ha golpeado familias y naciones enteras. La familia como célula diminuta dentro del globo terráqueo es la más afectada y perturbada por la inestabilidad emocional, rotura matrimonial, desequilibrio mental, hasta llegar a extremos, como la depresión profunda, culminando en muchos de los casos en el suicidio.

Dios revela a través de su propia Palabra cómo esta influencia nacida en una herida emocional se transforma en rencor terminando en odio. No tenemos duda de eso, todo se inicia con un mal entendido, algo sin concluir como un expediente sin sellar que se acumula a través de los años, creciendo como una raíz hacia adentro del corazón del hombre. Afianzándose con una falta de perdón, desmembración entre dos hermanos, todo eso es el producto de la formación del rencor que puede llegar a convertirse en separación física y en un odio oculto.

A través de las páginas de este libro llegaremos al inicio de la situación embarazosa del rencor y analizaremos cómo se ha extendido a través de las generaciones. Su final implica a convertirse en sentimientos de obsesión terrible nombrada por el apóstol Juan como el «homicidio de un hermano» (véase 1 Juan 3:15).

Hoy en día, las contiendas raciales y el recuerdo de las heridas del pasado parecieran que cada vez se abren y forman una gran brecha de separación.

Revisemos esto tan importante: la ofensa más dolor, más enojo, más falta de perdón, más amargura, más ira, más rencor más distanciamiento es igual: odio y división. Esta es la intención de este libro, desvelar y analizar paso a paso el desarrollo de la herida hasta convertirse en odio.

En la Biblia se encuentra el inicio y el final de este espíritu y cómo a través de las generaciones fue creciendo hasta convertirse en un gran dragón. El lenguaje de Dios es el amor, en eso debemos de perfeccionarnos. Si no hay el verdadero amor que hecha fuera el temor, en las cavernas del corazón se infiltra de manera sutil y sagaz el resentimiento y las frustraciones que terminan en odio.

Introducción

Hoy estamos en tiempos decisivos en el cual se tienen que tomar decisiones para recibir un cambio verdadero y mudarnos en un nuevo hombre o una nueva mujer.

1

ODIO GENERACIONAL

... descubre el rencor escondido en el corazón

Todo empezó al inicio del año 2009, cuando sentimos que la persecución y la opresión tocaban las puertas de nuestra iglesia y de nuestras vidas. Lo que empezó como un ataque esporádico de calumnia y difamación se fue acrecentando hasta hacerse más notorio en las instalaciones de nuestro ministerio en Broward, Florida, en el mes de julio de ese mismo año. Panfletos, cartas, correos electrónicos, aun los CD colocados en los vehículos de los miembros de la iglesia, denotaban un odio hacia nosotros como Ministerio Apostólico y Profético y de manera personal, como ministros del evangelio.

Los ataques continuaron a través de correos electrónicos a los miembros y líderes de nuestra congregación. Cada día llegaban más mensajes insidiosos y mentirosos acerca de nuestro ministerio y del trabajo que habíamos realizado durante más de cuarenta años de ministerio evangelístico y pastoral.

Este ataque no se detenía. Los correos electrónicos salían de varias fuentes, pero venían de una sola cabeza. El objetivo era atacarnos constantemente hasta debilitar la fe de los más pequeños. Arremetían directamente contra las enseñanzas bíblicas que nosotros predicábamos poniendo en tela de juicio la doctrina básica de la Biblia.

Muchos cristianos se sintieron debilitados en su mente y se despertaron en ellos las dudas. Otros no supieron cómo sobreponerse. Entre los meses de mayo y agosto, se incrementaron estos correos electrónicos que eran como bombas lanzadas a las mentes de las personas. Los ataques no paraban, su objetivo era poner en duda el testimonio de pastores y líderes. Muchos a raíz de estas mentiras dejaron de congregarse. El ataque era frontal, su veneno y su odio no se detenían. A raíz de tanta presión emocional, decidimos redoblar las oraciones y proclamamos ayuno para que el Señor nos revelara qué era lo que se estaba moviendo detrás de todo esto.

En una intercesión especial que convocamos, el Señor me mostró que leyéramos en voz alta los textos referentes al juicio que Dios hizo contra EDOM. Leímos versículo por versículo y, más que una lectura, era la proclama de Dios hacia el espíritu de odio y venganza.

Durante el tiempo que llevábamos pastoreando en el condado de Broward, Florida, muchos fueron los principados que descubrimos y que tuvimos que lidiar como iglesia. Sin embargo, nunca nos habíamos enfrentado directamente contra el espíritu de odio.

La Palabra proclamada tiene gran poder porque es verdad en el mundo espiritual y los demonios creen y tiemblan ante ella.

Orando en el espíritu pude entender que el rencor se escondía en la cueva de EDOM y, por ese odio permanente y oculto contra su hermano, es que Dios no lo podía aceptar. Vi cómo Dios era justo y veía más allá de lo que los hombres a simple vista podían detectar. Dios tuvo que aborrecer a Esaú porque odió a su hermano Jacob. Vi una gran verdad y percibí la justicia divina. Pude entender cómo las familias por años se han dividido y es por este espíritu de odio generacional escondido en las cuevas del corazón.

El monte de EDOM es lo contrario al monte de Dios (SION). Muchos cristianos están «religiosamente» o «mundanamente» asentados en ese monte, el monte del rencor.

Desde ese momento comencé a intensificar mi estudio acerca del tema. Fue en un tiempo específico de adoración que sentí en mi espíritu la palabra *Agaita*. Empecé a indagar en los diccionarios y por otros medios de información, hasta que descubrí que Agag era una rama lejana de la gran semilla del odio y la persecución contra el pueblo de Dios.

Iniciándose el mes de agosto vi pasar en el espíritu un caballo negro. Su forma era como una bandera flameante. Salía de repente y recorría velozmente como un humo negro tomando forma ondulante. (Otra intercesora lo vio pasar también).

Comencé a orar para que el Señor me revelara y me mostrara qué significaba eso que había visto; solo algo tenía claro, que era un principado que había salido del mundo espiritual.

En ese tiempo, se estaba moviendo un gran temor en la población por el virus H1N1, pero sabía que eso era más fuerte que una plaga. Entendía en mi espíritu que ese principado era veloz como el viento y a la vez negro como la muerte, pero de una cosa sí estaba convencida, no era el caballo negro que se nombraba en el libro del Apocalipsis que galopeara en medio de la humanidad.

Pude sentir que era temporal y venía para atacar a la Iglesia. Este caballo salió de repente como un viento y venía para presionar la fe de los salvos. El espíritu de calumnia estaba combinado con odio y venganza e iba tomando fuerza.

En esa misma época, habíamos regresado de un viaje misionero en Catania (Sicilia, Italia, lugar donde nació la mafia). En mi corazón, cuando caminaba por las calles antiguas y oscuras de la ciudad, pensaba en el odio y las matanzas que ahí ocurrieron. Esto me inspiró a indagar de manera profunda acerca del poder de la ambición y hasta qué punto el control del odio y la muerte estaban relacionados. Curiosamente, el escudo de Sicilia es una cabeza de una mujer con serpientes y tres piernas, con sus pies que le salen para un mismo lado como si fuera una rueda caminante. Estando allí madrugábamos, para orar más de tres horas seguidas, y veía cómo esa cabeza con serpientes corría por el mundo.

Espiritualmente, el odio, la venganza y la muerte se combinan en el mundo natural y actúan como una verdadera «Mafia».

Sentíamos en nuestro espíritu que ya los cambios en los aires espirituales habían comenzado, pero ahora teníamos que saber a qué clase de cambios nos enfrentábamos y cómo debíamos reaccionar y actuar frente a ellos. Una cosa no dudaba y era que estos cambios venían permitidos por Dios y los hombres no tenían nada que ver con esto.

En el año 2008, la doctora y profeta Cindy Trimm profetizó lo siguiente:

> Nosotros hemos entrado en una nueva temporada. Es una temporada que está caracterizada para cambios. Los cambios no son una dinámica fácil. Muchas personas oran por cambios, pero cuando vienen, de alguna manera encuentran resistencia espiritual.
>
> El cambio necesita un agente (lo que causa, el intermediario) de cambio. Para cambiar, tenemos que participar de manera activa en el proceso. Algunas veces Dios tiene que encender fuegos proféticos o

permitir que tormentas vengan a nuestras vidas para que conscientemente escojamos cooperar con la agenda de los cielos.

Dios me habló una palabra concerniente al cuerpo de Cristo. Él me dijo que en esta temporada de transición y cambio, ocurrirían alrededor de cuarenta cambios.

Durante este tiempo Él causará que:

1. Los mantos de los hijos de Isacar, Elías y [Hannah] sean desatados sobre el Cuerpo de Cristo. (Unción de revelación para entender en qué tiempo estamos).

2. Vino nuevo que es simbólicamente la revelación fresca que proviene del Espíritu de Dios y su avivamiento.

3. Y aceite nuevo, que es símbolo de una nueva unción que será manifestada.

La implicación es que nosotros debemos cooperar responsablemente con la voluntad, los planes y los propósitos de Dios hasta que nosotros cambiemos en la manera que vemos y vivimos la vida y hacemos la obra en su ministerio.

Hemos llegado a un nuevo ciclo y estación. Estaremos sincronizados en la secuencia y temporada concerniente a los «tiempos divinos». Además, nosotros hemos visto venir el espíritu Serpentino que ha estado

Odio generacional

prevaleciendo sobre muchas ciudades. Este espíritu traga las bendiciones, paraliza y cauteriza el crecimiento dentro del liderazgo, envenenando las mentes a todos los miembros, causando disminución numérica, espiritual y financiera y abriendo puertas a los espíritus de Jezabel, Ahitofel, Absalón, Amán, Sambalat y Tobías para gobernar.

Este es un tiempo de intensa intercesión profética. Veremos milagrosamente rompimientos y manifestaciones si nosotros continuamos poniendo presión en los cielos por medio de la oración.

Cuando el enemigo viene como un río, Dios levanta un estandarte contra él (Isaías 59:19).

Vengo a tu lado para reforzar y engrosar el vallado a tu alrededor. En esta temporada, Dios está buscando a aquellos que cooperarán con el cielo a través de la oración. Estas oraciones causarán aceleramiento. Este año es un tiempo de dar a luz manifestación, liberación, fructificación y la activación del poder atómico de la oración».

Creyendo en esta palabra, comenzamos a discernir que Dios iba a sacudir a las naciones, pero que también pasaría revista con su balanza para pesar los corazones.

Esa clara visión acerca de la balanza divina la tuvo Tatiana Figueroa, intercesora de nuestro ministerio y líder junto con su esposo de «JVH Network». Ella cuenta así lo que Dios le mostró:

Vi una enorme balanza de oro y al lado de ella dos ángeles. El que estaba al lado derecho tenía un cuaderno donde iba escribiendo, y el que estaba en el lado izquierdo iba tomando los corazones de las personas y los iba pesando. Vi una gran fila de personas en la parte de abajo del altar; el ángel tomaba sus corazones y los ponía en la balanza... era una balanza grande, perfecta, de oro puro y macizo.

Ese ángel le decía al otro el peso exacto de cada corazón (pero se lo decía en por cientos). Estos eran: amor, arrepentimiento y entrega. El ángel escribía en su cuaderno... Me acerqué y vi cómo todo se escribía de manera meticulosa... escuché la voz de Dios que decía:

> «Estoy entonces ahora demandando y pesando vuestros corazones... soy Dios justo... traeré manto de amor y de unidad para que el avivamiento fluya en la perfecta sincronización... unción de cuerpo, de unidad, de amor, de trabajo en equipo...».

Tenemos que tener temor santo... somos pesados y medidos por lo que hablamos... por lo que oramos, por el amor y, sobre todo, por el arrepentimiento... Dios nos pesa igual a todos porque no hace acepción de personas... el Señor está pesando los espíritus...

> *«Todos los caminos del hombre*
> *son limpios en su propia opinión;*
> *Pero Jehová pesa los espíritus».*
> (Proverbios 16:2).

EL ESPÍRITU DE DIOS ME CONFIRMÓ QUE PROBARÍA A TODO SER HUMANO Y PESARÍA LAS INTENCIONES DEL CORAZÓN.

Paralelamente a todo lo que estaba sucediendo, el Estado de la Florida se encontraba bajo una fuerte presión económica, con un índice de desempleo que llegaba al 11%. A esta situación le teníamos que sumar no solo la batalla espiritual por la que estábamos pasando, sino la persecución que se levantó en contra de los inmigrantes de origen hispano.

La Palabra de Dios venía a nuestra mente para fortalecernos como pastores: «Y yo te guardaré de la hora de la prueba que ha de venir sobre el mundo entero» (Apocalipsis 3:10).

En la intercesión intensa del mes de agosto de ese año, pude ver cómo un gran volcán se levantaba de la tierra; su cráter era la boca por la que me hablaba. Mientras lo veía, ese espíritu me decía: «Los odio, los odio...». Así que oraba en mi espíritu para que el Señor me ayudara y me diera la palabra adecuada para reprenderlo.

Solo recordé que el espíritu de rebelión y odio contra la autoridad se hizo visible a través de Coré (príncipe y cabeza de una gran familia durante el liderazgo de Moisés). Su actitud ante Dios, más que ante su líder, fue castigada por el Señor, ya que la misma tierra se abrió y se lo tragó vivo. Yo le dije en el espíritu: «La tierra se va abrir y te va a tragar; no puedes ir contra la autoridad de Dios...».

El dragón espiritual es el principado que ataca desde los aires las mentes de las personas. La humanidad está siendo oprimida en sus pensamientos exactamente a través de las ideologías (corrientes de pensamiento). Las mentes de niños, jóvenes y adultos están siendo atacadas las veinticuatro horas del día. Aun en la noche, son enviados sueños de maldad que se manifiestan a través de pesadillas.

En los aires está operando el espíritu de desobediencia que se levanta como un torbellino que se conecta con el espíritu de los mares y el de la tierra.

El espíritu de las ideologías humanas, es el espíritu de la mentira que ataca la pequeñita fe de los seres humanos y la ahoga frente a la presión social. Opera en la mente confundiendo las creencias de la niñez.

Estas ideologías también dividen al hombre y han sido causa y objeto de grandes matanzas y guerras a lo largo de la historia.

¿Qué es una ideología?

Una ideología es el conjunto de ideas sobre el sistema existente (social o político) y que pretende su conservación (ideologías conservadoras), y su transformación (que puede ser radical, súbita, revolucionaria, paulatina y pacífica).

Las ideologías suelen constar de dos componentes: una representación del sistema, y un programa de acción. La primera proporciona un punto de vista propio y particular sobre la realidad, vista desde un determinado ángulo. Son preconceptos o bases intelectuales, habitualmente comparadas con un sistema alternativo, real o ideal. El segundo componente tiene como objetivo acercar en lo posible el sistema real existente, al sistema ideal pretendido.

Las ideologías caracterizan a varios grupos, ya sean un grupo social, una institución o un movimiento político, social, religioso o cultural. Desde el Edén, la serpiente engañó a Eva a través de una corriente de pensamiento que era contraria a la de Dios.

Hoy en día, la humanidad tiene la mente saturada de fantasía. Desde que aprendemos a leer, comenzamos a recibir gran cantidad de información que en la gran mayoría viene de ideas procedentes de la imaginación de escritores, como es el caso de los cuentos infantiles. Por ejemplo, lo primero que un niño escucha desde pequeño son cuentos de hadas, historias de fábulas, animales que hablan y mundos mágicos que no existen y que habitan en la mente del que lo escribió. En la escuela, los niños aprenden a leer con libros «fantásticos» que le abren su imaginación a las fantasías.

Estas «ideologías» dañan la fe verdadera, ahogando la Palabra de Dios (que muchas veces nunca llega) e inconscientemente en la mente empieza la batalla contra el conocimiento de la verdad.

Te hago una pregunta: ¿De dónde provienen las corrientes de pensamiento? Estas nacieron en la imaginación del hombre; en otras oportunidades, del razonamiento y del intelectualismo, pero la mayoría de las veces ha provenido de la «falsa iluminación». Los que dicen haber recibido «una iluminación» aseveran que, al igual que los ángeles caídos en la antigüedad y como hijos de Dios, cualquier persona puede recibir mensajes extrasensoriales a través de la meditación y el yoga. Detrás de estas ideologías se han movido guerras, matanzas y gran destrucción.

NO DEBEMOS OLVIDAR QUE SATANÁS VINO A ROBAR, MATAR Y DESTRUIR. ÉL SABE QUE LA RECOMPENSA DE LA DESOBEDIENCIA ES LA MUERTE ESPIRITUAL Y, SI PUDIERA, TAMBIÉN LA FÍSICA.

¿Cuántos viven muertos espiritualmente y no lo saben? Toda persona desobediente a las normas de Dios que no ha sido redimido (por la sangre de Jesús) vive en un estado de muerte espiritual.

Originalmente ésta se produjo cuando Adán creyó la «idea» traída por el ángel caído. Las ideologías siempre han intentado anular la verdad y han traído muerte espiritual. Por siglos ha sido el enemigo número uno de la fe.

¿Cómo puede afectar una ideología nuestra sociedad?

Karl H. Marx (1818-1883) fue un filósofo, historiador, sociólogo, economista, escritor y pensador socialista alemán de origen judío. Fue a su vez, el padre teórico del socialismo científico y del comunismo. Sus ideologías causaron un cambio revolucionario que llevó a la creación del comunismo. Esta causó millones de muertes y fomentó de una gran manera el ateísmo. Marx es solo un ejemplo de cómo una simple ideología puede influir en sistemas gubernamentales y a la vez causar la muerte improcedente de millones de personas inocentes.

Son estas ideologías las que se mueven detrás de incontables genocidios en diferentes países y culturas las cuales han causado guerras devastadoras como fueron la Primera y Segunda Guerra Mundial del siglo pasado. Eso sin contar las innumerables guerras civiles que han desangrado a los países y los han dividido políticamente, acabando con familias enteras, como es el caso de Colombia, Nicaragua y varios países de África.

Las ideologías marxistas y el comunismo forman solo una parte de las causas de la violencia mundial. Otras ideologías, como el extremismo islámico, también fomentan de gran manera el odio hacia los «infieles» (que contradice lo que dice su texto sagrado, el Corán). Sabemos que esto se lleva a cabo por medio del terrorismo internacional, que usa esta ideología religiosa con el fin de imponer su forma de pensar de una manera forzada a través del terror sobre la humanidad. Podemos concluir, entonces, que aunque estas ideologías humanas sean diferentes, están de todas formas ligadas en una misma cosa: el odio.

¿Por qué el hombre odia al hombre?

Esta pregunta sobre el odio en el hombre está llevando a que la academia tome en serio este problema... Es así cómo la *Gonzaga University* está desarrollando una nueva carrera académica enfocada en ese tema.

¿Por qué los nazis detestaban a los judíos? ¿O por qué los hutu odian a los tutsi en el centro de África? Preguntas como estas son las que tratan de explicar las universidades.

Nunca se ha estudiado a fondo el origen del odio entre personas, según Jim Mohr, de la *Gonzaga University*, que está desarrollando una nueva carrera académica enfocada en ese tema. El objetivo es explicar una condición que afecta a la humanidad desde tiempos ancestrales: «¿Qué genera ese sentimiento de odio?», pregunta Mohr, director del *Institute for Action Against Hate* [Instituto por Acción Contra el Odio] de Gonzaga. «¿Y cómo se puede combatir eso?», cuestionó. Gonzaga fundó el instituto hace una década, después que algunos estudiantes negros recibieron cartas con amenazas. También comenzó a

Odio generacional

publicar un periódico de estudios sobre la intolerancia y el odio (*Journal of Hate Studies*), organizó una conferencia sobre el tema y ofreció este año su primer curso sobre el odio. «La esperanza es que otras universidades la imiten», dijo Ken Stern, del *American Jewish Committee* [Comité Judío Estadunidense] en Nueva York, que ha participado en esta iniciativa. «Queremos abordar el tema del odio desde una perspectiva más inteligente», manifestó.

Stern, quien lleva veinte años luchando contra el antisemitismo, dijo que la necesidad de estudiar el tema se hizo más acuciante con la aparición de organizaciones como *Aryan Nations* [Naciones Arias], que florecieron en esta región hace algunos años.

De inmediato, surgió un movimiento de resistencia que no supo cuál era la mejor forma de combatirlo, afirmó Stern. El experto dice que ni siquiera hay una buena definición de lo que es el odio.

Sin embargo, podemos tratar de definir lo que es el odio de la siguiente manera: «El odio es el resultado de resentimientos acumulados en la vida de un individuo. Emociones negativas que ha tenido en su vida y se han acumulado generando antipatía, deseos de venganza, falta de perdón o repulsión hacia una persona o una situación. Se define como el sentimiento contrario al amor».

En el amor se desea el bienestar y lo mejor para la persona amada. En el odio, el malestar y el deseo de daño es lo que está presente. La persona que odia proyecta siempre una conducta hostil, agresiva y repulsiva contra la persona u objeto de su odio.

Son millones los que hoy caminan encadenados por la cautividad del odio en su interior, debido a que sufrieron en el transcurso de sus vidas frustraciones, desengaños y diversas situaciones que no pudieron superar en el pasado.

Son muchos los hijos que hasta hoy no pueden perdonar a sus padres porque cuando eran niños, fueron maltratados y víctimas de abuso. Por otro lado, son miles las esposas que nunca han podido perdonar a sus cónyuges por las heridas causadas a razón de la infidelidad, el adulterio o los abusos en sus vidas. Muchas de ellas han determinado en su corazón, vivir odiando el resto de sus días a quien fuera su pareja.

Cuando las personas están atadas por el odio, les cuesta olvidar lo que les han hecho y, por tanto, el amor y el perdón no tiene entrada en ellas.

Estudios científicos han demostrado que las personas que guardan en su interior odio, resentimiento y deseos de venganza, llegan a padecer enfermedades físicas y mentales en sus cuerpos. Una parte importante en el proceso de sanidad de estas enfermedades depende en gran medida de que estos individuos comiencen a realizar un trabajo interno que les permita olvidar y dejar atrás las situaciones que les obligaron a sentir odio hacia determinadas personas y que estén dispuestas a perdonar.

Hace algunos años, cuando ministraba en una campaña en la ciudad de Torrejón de Ardoz, cerca de Madrid, España, una mujer comenzó a manifestar evidencias de posesión demoníaca y yo podía ver cómo este espíritu se resistía a salir de ella. Le pedí al Espíritu Santo que me mostrara qué era lo que estaba pasando, y el Señor me mostró claramente que ella odiaba profundamente a otra persona desde hacía muchos años. Cuando hablamos con ella, nos dijo que aunque se fuera al infierno seguiría odiando y no perdonaría jamás. Ella prefirió hacer pacto de muerte con Satanás que perdonar a quien le había hecho daño.

Las ligaduras en las vidas de las personas hacen que estas no se quieran desprender de sentimientos negativos que los cauterizan y les impiden ser libres en el espíritu. Podemos ver entonces personas amargadas, frustradas, llenas de rencor y de infelicidad porque se han negado a perdonar y a sanar esa herida abierta del pasado. Las consecuencias de no querer ser libres son preocupantes en cualquier vida.

Sin embargo, recuerdo otra oportunidad en la que estábamos en una campaña de sanidad y milagros en Asturias, España, en donde alguien trajo a una persona de edad avanzada, postrada en una silla de ruedas y ciega para que yo orara por ella y pude ver una actitud diferente para ser restaurada en sus emociones y, por consiguiente, ser sanada en su cuerpo. Cuando llegó el momento en que me acerqué para orar por su sanidad, el Espíritu Santo me habló y me dijo: «No ores por su enfermedad, sino dile que renuncie al espíritu de odio que la tiene enferma y postrada». Cuando le dije a esta mujer lo que se me había revelado, comenzó a llorar y me respondió: «Es cierto, odio a mi hermana desde hace más de treinta años, y desde ese entonces he estado enfermándome cada día más, hasta llegar a la condición en que estoy ahora». Entonces, pude decirle: «Llegó el momento de perdonarla y renunciar al espíritu de odio que has cargado durante años». Cuando ella lo hizo, reprendí lo que la había atado y la mujer se levantó de la silla de ruedas; sus ojos fueron abiertos volviendo a ver claramente y corrió por todo el campo donde estábamos.

Cuán importante es activar el perdón en los seres humanos, millones serían liberados por completo de tantas cadenas de opresión que los han tenido ligados durante toda su vida.

La ira y el odio marchan juntos

El odio es consecuencia de la ira. Cuando al rencor se le coloca la razón y se da lugar al pensamiento equivocado, surge el odio. Tenemos entonces personas que odian siempre todo lo que les rodea y que se sienten resentidas contra la vida y contra ellos mismos, hasta querer llegar a la muerte.

La Biblia enseña cómo se puede lidiar con el odio, de un modo que no aprisione los sentimientos, los valores, ni la autoestima de las personas. La única forma de ser libre de estos sentimientos es cuando se activa la llave del perdón y el amor.

Mientras continúas leyendo este libro, entenderás cómo despojarte y ser libre del resentimiento, del rencor y el odio, porque estas emociones negativas del alma son perturbadoras y tan dañinas que son capaces de contaminar a una familia, a una congregación y hasta una nación entera.

El perdón es mucho más que una norma elevada de buena conducta. Es mucho más que una expresión de cortesía y educación. Es bendecir a los que nos maldicen y hacer bien a los que nos hacen daño.

Xenofobia

... odio a los extranjeros

En España, un árbitro interrumpe un partido de fútbol. ¿Por qué? Porque hay muchos espectadores insultando a un jugador de Camerún que amenazaba con abandonar el campo.

En Rusia, las agresiones contra africanos, asiáticos y latinoamericanos se han vuelto algo cotidiano. En ese país se registraron 3.940 ataques racistas, un aumento del 55% sobre el año anterior.

En Gran Bretaña, un tercio de los asiáticos y de los africanos que participaron en una encuesta aseguraron haber sido despedidos de su trabajo por discriminación racial. Estos ejemplos ponen de relieve una tendencia mundial.

Cuando leemos los diarios y vemos que cada vez son más altos los casos de discriminación racial y xenofobia en el mundo, vale la pena preguntarnos: ¿Por qué se han multiplicado los casos de una manera tan alarmante y hay tanta indiferencia al respecto?

Sé libre del rencor

La señora Navi Pillay, comisionada con el cargo más alto para los derechos humanos, afirmó en una rueda de prensa ofrecida el 10 de diciembre de 2009, que no se podía derrotar la discriminación cerrando los ojos y esperando que desapareciera, ya que «la indiferencia es la mejor amiga de la discriminación». Ella tenía toda la razón.

La xenofobia (del griego ξένος [xeno] = extranjero, y φοβία [fobia] = temor) es el odio y el rechazo al extranjero con manifestaciones que van desde el rechazo más o menos manifiesto, el desprecio y las amenazas, hasta las agresiones y asesinatos. Una de las formas más comunes de xenofobia es la que se ejerce en función de la raza, es decir, el racismo.

Europa es una de las regiones donde los actos racistas han tenido un notable aumento en los últimos años. Para nadie es un secreto que uno de los países que más incidentes de xenofobia tiene en el mundo es España. El odio a los extranjeros que habitan en ese país tiene preocupada a la comunidad internacional, pero que se queda impávida ante las imágenes que le dan la vuelta al mundo, de jóvenes abusando y maltratando inmigrantes en las escuelas, en los metros o en los partidos de fútbol.

Hace poco, a un colombiano de treinta y dos años lo rociaron con gasolina y le prendido fuego en la estación de trenes de la población Arganda del Rey, cerca de Madrid, solo porque era sudamericano. La intolerancia racial y el odio generacional enraizado hacen que estas personas no razonen el porqué de sus actos excluyentes y acaben con sus semejantes por un rencor que ni siquiera pueden entender.

La xenofobia ha desplegado sus semillas de odio en el mundo, y cada vez son más comunes los delitos en contra de una población que se siente temerosa y vulnerable ante la opresión y el agobio porque son o piensan diferentes, ya sea por su raza, su color de piel, su religión, género o discapacidad.

Los altos índices de población migrante que pasa de país en país buscando una mejor alternativa de vida, han provocado que aumenten los casos de delitos de odio. Los países intolerantes hacia otras comunidades ven como una amenaza hacia sus raíces étnicas el flujo de personas de otras razas. La caída de la economía mundial y el aumento del desempleo elevan esos sentimientos de odio racial porque ven a los extranjeros como una amenaza hacia su propia seguridad personal. El abuso hacia los trabajadores indocumentados y los bajos salarios hacia estos (sobre todo hacia las mujeres), llegan a niveles de explotación laboral, legalmente penalizada. El problema es que nadie dice nada. ¿Quién les va a creer si no son tenidos en cuenta?

Es común encontrar que los casos de xenofobia, o intolerancia, no sean informados a las autoridades competentes porque las víctimas del odio no encuentran una ayuda oportuna cuando acuden a las jurisdicciones de justicia. No hay leyes claras y no existe una definición legal de delito de odio en el derecho internacional. Ni siquiera las palabras «xenofobia», que es el odio hacia los extranjeros, e «intolerancia racial», son términos que no se encuentran definidos en él.

Las personas atacadas por el odio xenofóbico, deberían poder acudir a la entidad primaria de protección que es la policía, pero aun así no lo hacen. Por lo general, los atacados no informan estos delitos por miedo a la misma policía, por vergüenza o porque creen que lo que digan no será tomado en serio. Los policías no saben qué hacer porque en sí no hay leyes claras al respecto. Las víctimas de delitos de odio racial, o xenofobia, casi siempre necesitan asistencia médica, apoyo psicológico y espiritual, más la asesoría legal pertinente en estos casos.

El odio racial, la xenofobia y todas las formas de intolerancia constituyen un grave problema de connotación mundial y una seria amenaza para el mundo, si los países y las comunidades internacionales no toman cartas en el asunto. Los niveles de violencia hacen que surjan problemas de desplazamiento forzado y salida de personas de sus países de origen que buscan refugio y solicitan asilo en otros países.

Los medios de comunicación y la xenofobia

Las nuevas formas de intolerancia han encontrado su máxima expresión en los medios electrónicos y los mensajes de odio por Internet con lemas racistas han llegado a infiltrarse sutilmente en redes sociales como *Facebook*, seguida por más de cuatrocientas millones de personas en el mundo, y encontrar así adeptos en todo el planeta que riegan su odio a la velocidad de la luz.

Con un solo clic en el teclado de una computadora, y las frases de violencia, muerte y destrucción hacia cualquiera que se vea o piense diferente, se diseminan regando su maldad. Es un monstruo que pareciera que nada lo puede saciar. El odio no tiene fronteras, y usa plataformas avanzadas en los medios de comunicación que se nutren de información que nadie pareciera controlar. Es lamentable que los medios de comunicación puedan provocar sentimientos de odio, venganza, violencia e inmoralidad hacia una población que se siente desprotegida y violentada en sus derechos humanos.

El odio hacia la mujer, quien representa ante la sociedad el espejo de la debilidad y la vulnerabilidad, el odio hacia los cristianos, el odio hacia occidente o hacia los mismos judíos, es un plan orquestado por las tinieblas para crear una separación de una sociedad que en sí misma ya está dividida.

Sé libre del rencor

No hay que ver las noticias por la televisión para conocer una realidad escalofriante que está entrando a los hogares y se mete en el subconsciente de las personas. Escenas de violaciones, matanzas, persecuciones, comerciales en radio y televisión, que promulgan el odio y la persecución hacia los más débiles, hacen mella en el subconsciente colectivo de la sociedad que no tiene tiempo para digerir el mensaje y que se cree todo lo que le dicen.

Un locutor estadounidense, en un programa de radio muy famoso, le dio por hacer comentarios burlescos en contra de los trabajadores mexicanos indocumentados. Él decía que había que perseguirlos y sacarlos del país a como diera lugar. La indignación pública no se dejó esperar. Él dijo que podía decir lo que quisiera, que era un chiste, y no pidió perdón por sus palabras a una comunidad tan atacada como la hispana que vive en este país y donde los delitos de odio se han multiplicado hacia ellos.

El FBI informó, por ejemplo en el año 2008 se produjeron veinticuatro incidentes de delitos de odio, pero la Oficina de Estadísticas de Justicia (BJS en inglés) informó una cifra siete veces más elevada. Es decir, un promedio de ciento cincuenta incidentes diarios, donde la mayoría de estos casos son de origen étnico hacia los hispanos. Los indicios de xenofobia o de odio deberían ser detectados tan pronto como son anunciados, para contrarrestar rápidamente una información falsa y dañina en contra de los atacados. No corregir a tiempo una información falsa puede afectar negativamente la opinión pública y hacer que se vea como válido lo que se dice.

Racismo y xenofobia

El racismo suele estar estrechamente relacionado, y ser confundido, con la xenofobia que, como ya hemos dicho, es el odio, la repugnancia y la hostilidad hacia los extranjeros.

Sin embargo, existen algunas diferencias entre ambos conceptos, ya que el racismo es una ideología de superioridad, mientras que la xenofobia es un sentimiento de rechazo; por otra, parte la xenofobia está dirigida solo contra los extranjeros, a diferencia del racismo. El racismo también está relacionado con otros conceptos con los que a veces suele ser confundidlo, como el etnocentrismo, los sistemas de castas, el clasismo, el colonialismo e incluso el machismo...

¿Cuál es la raíz de este fenómeno? ¿Qué dice la Biblia al respecto? ¿Cómo podemos evitar las actitudes intolerantes? ¿Es realista esperar que la humanidad conviva en paz algún día? La Biblia ofrece interesantes respuestas a estas preguntas del ser humano.

La Biblia declara en Génesis 8:21 «el intento del corazón del hombre es malo desde su juventud». Existen muchas personas que disfrutan oprimiendo a los demás, confirmando así lo que describe de una forma tan clara Eclesiastés 4:1 cuando dice: «*Y he aquí las lágrimas de los oprimidos, sin tener quien los consuele; y la fuerza estaba en la mano de sus opresores, y para ellos no había consolador*».

La Biblia dice en forma clara y determinante que el odio étnico no es algo que se haya desarrollado ahora, sino que tiene sus raíces antes del nacimiento de Jesucristo. En el capítulo 1 del libro de Éxodo, podemos ver cómo el hebreo llamado Jacob entra a Egipto con toda su familia y el Faraón de ese entonces lo acepta. Sin embargo, el tiempo pasa y esa familia crece en gran número, y con el pasar de los años se levanta otro Faraón que se sintió amenazado porque vio que los hebreos habían crecido en gran número. Es en ese momento cuando el faraón ordena poner jefes de trabajos forzados con el propósito de oprimir a los hebreos. Él no quería que la población siguiera aumentando y llegó al extremo de proclamar que se diera muerte a cualquier hijo varón que naciera de los descendientes de Jacob.

No obstante, la Biblia revela que hay una razón más profunda detrás del problema y explica por qué algunas etnias oprimen a otras. En ella leemos: «El que no ama, no ha conocido a Dios; porque Dios es amor» (1 Juan 4:8). Si alguno hace la declaración: «Yo amo a Dios» y, sin embargo, está odiando a su hermano, es mentiroso.

Xenofobia

«Porque el que no ama a su hermano, a quien ha visto, no puede estar amando a Dios, a quien no ha visto». (1 Juan 4:20)

Esta declaración identifica la raíz de la intolerancia étnica: las personas son intolerantes porque no han llegado a conocer ni amar a Dios, prescindiendo de que afirmen ser religiosos o no.

¿Cómo se puede promover la armonía étnica y el hecho de que las personas conozcan y amen a Dios de verdad? ¿Puede la Palabra de Dios traer convicción en ellos de tal manera que desistan de hacerles daño a quienes les parecen distintos?

El único libro que puede revelar ese conocimiento es la Biblia, pues enseña que Dios es el Padre de toda la humanidad: «Para nosotros, sin embargo, sólo hay un Dios, el Padre, del cual proceden todas las cosas» (1 Corintios 8:6). Además, indica que Él *«de una sangre ha hecho todo el linaje de los hombres»* (Hechos 17:26).

Aunque todos los grupos étnicos pueden sentirse orgullosos de que Dios les haya dado la vida, hay algo acerca de su pasado que tienen que lamentar. El escritor bíblico, Pablo, lo señala de esta manera:

«El pecado entró en el mundo por un hombre» (Romanos 5:12). *De ahí se desprende que «por cuanto todos pecaron, y están destituidos de la gloria de Dios»* (Romanos 3:23).

Es maravilloso entender que Dios es el creador de la diversidad, pues no existen dos seres humanos absolutamente iguales. Sin embargo, nunca ha dado razones a ningún grupo étnico para que se sienta superior a los demás. La idea generalizada de que la etnia de uno es mejor que las otras contradice los hechos que se presentan en las Sagradas Escrituras.

Hay quienes se preguntan si Dios habrá fomentado el prejuicio étnico al favorecer a los israelitas y decirles que se mantuvieran separados del resto de las naciones (véase Éxodo 34:12).

Es cierto que en la antigüedad Dios escogió a Israel como su posesión especial. ¿Por qué? Por la fe de Abraham, el antepasado de los israelitas. Dios mismo los gobernó y designó a sus dirigentes entregándoles una serie de leyes para regirse. Mientras siguieron la guía divina, otros pueblos pudieron constatar los buenos resultados del gobierno de Dios en contraste con la del hombre.

Dios también le mostró a Israel que se necesitaba un sacrificio para que la humanidad recobrara su buena relación con Él. Por tanto, lo que hizo con esa nación, beneficó a todas las naciones. Esto concuerda con lo que prometió a Abraham: «*En tu simiente serán benditas todas las naciones de la tierra, por cuanto obedeciste a mi voz*» (Génesis 22:18).

Asimismo, los judíos tuvieron el privilegio de recibir las declaraciones de Dios y de llegar a ser el pueblo en cuyo seno nació el Mesías. Este honor se les otorgó con el fin de beneficiar a todas las naciones.

Cumpliéndose así lo que habían declarado las Escrituras de que llegaría un tiempo en que todos los grupos étnicos recibirían grandes bendiciones:

«Vendrán muchas naciones, y dirán: Venid, y subamos al monte de Jehová, y a la casa del Dios de Jacob; y nos enseñará en sus caminos [...] No alzará espada nación contra nación ni se ensayarán más para la guerra. Y se sentará cada uno debajo de su vid y debajo de su higuera, y no habrá quien los amedrente».
(Miqueas 4:2-4)

Aunque Jesucristo les predicó a los judíos, también predijo: «Y será predicado este evangelio del reino en todo el mundo, para testimonio a todas las naciones; y entonces vendrá el fin» (Mateo 24:14).

En efecto, ninguna se excluiría. Como ves, Dios te da un ejemplo perfecto al tratar sin favoritismos a todos los grupos étnicos. Él no es parcial, sino que, en toda nación, el que le teme y obra justicia le es acepto (véase Hechos 10:34-35).

Asimismo, las leyes que Dios dio al antiguo Israel nos muestran que se interesa por todos los pueblos.

Observa cómo la Ley exigía más que simplemente tolerar a los extranjeros que vivían en el país:

El residente forastero que reside como forastero con ustedes debe llegar a serles como natural suyo; y tienes que amarlo como a ti mismo, porque ustedes llegaron a ser residentes forasteros en la tierra de Egipto (véase Levítico 19:34).

Muchas de las leyes que Dios estableció les enseñaron a los israelitas a ser bondadosos con los inmigrantes. Por eso, cuando Booz vio espigar en su campo a una extranjera necesitada, siguió las instrucciones divinas y se encargó de que sus segadores dejaran suficiente espigas para que ella las recogiera (véase Rut 2:1, 10, 16).

Jesús enseñó como nadie acerca de la relación del hombre con Dios; Él dirigió a sus discípulos a ser bondadosos con quienes eran diferentes. Él pudo hablar con una mujer samaritana y ella misma se sorprendió de que Jesús hablara con ella, pues los samaritanos eran un grupo étnico despreciado por muchos judíos. Durante la conversación, Jesús la ayudó bondadosamente a entender cómo alcanzar la vida eterna y cómo ser libre del odio étnico que le oprimía (véase Juan 4:7-14).

Jesús también ilustró de una forma clara y objetiva la manera de tratar a las personas de otras etnias al relatar la parábola del buen samaritano. Este hombre encontró a un judío herido de gravedad por unos asaltantes. Al verlo, quizá razonara: «¿Por qué tengo yo que ayudar a un judío si ellos desprecian a mi gente?». Sin embargo, el personaje aquí mencionado tenía una opinión muy distinta a los demás que habían pasado y lo habían visto. A diferencia de otros viajeros que habían pasado de largo sin ayudar a la víctima, el samaritano se estremeció y fue llevado a compasión, ayudándole en todo lo que pudo. Jesús concluyó su parábola diciendo que quien deseara el favor de Dios debía hacer lo mismo (véase Lucas 10:30-37).

El apóstol Pablo enseñó que todo el que busca agradar a Dios debe cambiar su personalidad y su forma de pensar e imitar a Dios al tratar a la gente:

«No mintáis los unos a los otros, habiéndoos despojado del viejo hombre con sus hechos, y revestido del nuevo, el cual conforme a la imagen del que lo creó se va renovando hasta el conocimiento pleno, donde no hay griego ni judío, circuncisión ni incircuncisión, bárbaro ni escita, siervo ni libre, sino que Cristo es el todo, y en todos. Vestíos, pues, como escogidos de Dios, santos y amados, de entrañable misericordia, de benignidad, de humildad, de mansedumbre, de paciencia; soportándoos unos a otros, y perdonándoos unos a otros si alguno tuviere queja contra otro. De la manera que

> *Cristo os perdonó, así también hacedlo vosotros.
> Y sobre todas estas cosas vestíos de amor,
> que es el vínculo perfecto»*
> (Colosenses 3:9-14).

Toda persona que tenga conocimiento de Dios y de su Palabra cambiará por completo ¿Será verdad que quienes llegan a conocer a Dios en forma personal cambian su manera de tratar a las personas de otros grupos étnicos?

Es impactante entender que hoy, en cumplimiento de la profecía bíblica, la adoración verdadera está uniendo a una gran muchedumbre de millones de personas que provienen de todas las naciones, tribus, pueblos y lenguas (véase Apocalipsis 7:9).

Todas ellas esperan ver cómo el amor reemplazará al odio en una sociedad mundial, una sociedad en la que pronto se cumplirá el propósito de Dios expresado a Abraham: Serán bendecidas todas las familias de la tierra (véase Hechos 3:25).

Dios nunca le ha dado razones a ningún grupo étnico para que se sienta superior a los demás. Con la expresión grupo étnico nos referimos a una comunidad de individuos que se distingue de los demás por tener lazos comunes de raza, nacionalidad, religión, idioma o cultura. Donde no exista la gracia y el favor de Dios, nace la amargura, produciéndose resentimientos que se convierten en rencor a fin de manifestar el odio y la venganza. Sin embargo, cuando se afirma y se abraza la gracia de Dios, el perdón florece como una fuente inagotable de respuestas para todo aquel que lo desea.

3

EL CAMINAR DE NUESTRA SOCIEDAD

... del enojo al odio

«*El que odia disimula con sus labios; mas en su interior maquina engaño. Cuando hablare amigablemente, no le creas; porque siete abominaciones hay en su corazón. Aunque su odio se cubra con disimulo, su maldad será descubierta*» (Proverbios 26:24-26).

Vivimos en una sociedad que ha perdido los principios morales básicos y no practica la verdadera moralidad que es el carácter del Dios Creador. El mundo le ha dado la espalda y le ha dicho: «No queremos saber nada de ti».

Demos un repaso y miremos hacia atrás, dentro de los Estados Unidos nada más, qué fue lo que se estuvo moviendo.

Estadísticas del inicio del año 2009

Muchos actos de violencia están incluidos en la categoría de crímenes de odio y se pueden castigar por la ley (siempre y cuando el juez o el jurado no sean racistas e injustos). A inicios del año 2009, cada hora se presentaba un episodio de crimen de odio en Estados Unidos. Preguntémonos entonces: ¿Qué es un crimen de odio?

Estos pueden ser actos cometidos contra un individuo debido a lo que es la persona o se crea ser (es decir, si tú fueres atacado debido a tu raza, color, religión, lugar de origen, nacionalidad, orientación sexual, sexo o afiliación política, etc.).

- En su mayoría, los crímenes de odio no se informan porque muchas víctimas optan por guardar silencio.

- La ley puede proteger a los ciudadanos en forma eficaz, solo si las víctimas informan los crímenes y estén dispuestas a participar en el proceso judicial contra los culpables.

- Los crímenes de odio violan los derechos civiles de las víctimas.

- Las víctimas pueden sufrir de miedo, degradación y sentirse indefensas.

Los incidentes motivados por prejuicio son:

- Amenazas habladas o escritas o intimidación constante

- Destrucción / vandalismo de propiedad

- Ataques físicos o atentados contra la vida

No todos los incidentes de odio son crímenes. Los insultos verbales, aunque ofensivos, no se consideran un crimen y deben acompañarlos una amenaza de violencia y la habilidad para llevarlo a cabo.

Al inicio del año, el odio se incrementó en los Estados Unidos de una manera inimaginable. El mundo entero tuvo esperanzas de «cambios» después del inicio de una recesión económica por la que pasaba el país estaba. Su mirada esperanzadora se centraba en el nuevo presidente. Más tarde, esto despertó las heridas de racismo que estaban escondidas, así como el recuerdo de la esclavitud del siglo XVII y XVIII, tanto en Estados Unidos, España, Inglaterra, Italia, etc. No se puede obviar los problemas interrelacionales y transculturales que por la crisis social estos países han afrontado. El odio siempre ha surgido en la sociedad por causas extremas. Para entender la raíz del odio tenemos que remontarnos desde el inicio del mismo. El enojo es la puerta que se abre al odio. Prestemos atención cómo algo tan pequeño va cambiando hasta convertirse en sentimiento de venganza producida por la ira retenida. La ira separa el enojo y la sospecha. Se debe de dejar en claro que la separación física y emocional de aquellos que un día fueron amigos, novios o esposos produce en el ser humano una sensación de pérdida que se siente por dentro como una muerte espiritual. Aunque se puede seguir viviendo bajo la misma rutina, la amistad murió, el amor se acabó, y las conversaciones cesaron. Lamentablemente nadie puede escapar de ciertas situaciones en la vida, pero sí se puede mejorar la calidad de vida.

Hoy en día vemos que el odio descontrola a los seres humanos como un gigante que destruye sin que nadie tenga la autoridad de intervenir para detenerlo. El odio ha tomado tanta fuerza en los últimos años, que su crecimiento en la sociedad se ha convertido en un mal terrible, despreciando al prójimo sin importarle lo que puedan sufrir los demás. Así como el ser humano es un cuerpo unificado desde los huesos por tendones, músculos y nervios, entretejido todo dándole forma desde dos pequeñas células que se han reproducido y unido entre sí, también hay una tendencia a la separación y a la división agigantada que es la desmembración de las familias y, por ende, de la sociedad actual. Si la familia se desmiembra, el hombre se destruye a sí mismo. El ser humano es cuerpo, alma (mente-emociones-yo-voluntad) y espíritu. ¿Dónde se forma entonces el enojo que lleva al odio? *Su inicio está en el corazón espiritual de la persona y puede pasar desde el vientre a su hijo; allí en lo oculto, pasa a través de los genes el espíritu de enojo.*

Sigamos con las estadísticas más actuales:

Crímenes de odio: Muertos, pero no oficialmente, según el FBI. Crimen de odio terminando la primera década del siglo XXI.

Por *AL DÍA Newspaper*, página 14:16 (11/25/09).

Alguien provoca su muerte, ¡pero alégrese! No es nada personal, nadie lo odia y esa muerte suya... no fue asesinato, al menos no oficialmente según nuestro Sistema de Justicia o el FBI. Dejando de lado verdaderas causas naturales o accidentes, alguien puede quitarle la vida, pero el homicida solo requiere de un descarado abogado, una comunidad impasible y un juez y un jurado parciales, y sí, a lo mejor usted esté muerto pero ese será su problema, no el de ellos. *El FBI mantiene estadísticas de «crímenes de odio» desde 1995. Sin embargo, el conteo mismo ha sido una tarea poco menos que imposible. Los incidentes van desde violación hasta asesinato y los prejuicios incluyen raza, etnicidad, género y denominación religiosa. El problema es quién decide si tales crímenes son de odio o no. Mientras que el FBI registra un promedio de 24 incidentes diarios de crímenes de odio en su informe del año 2008, la Oficina de Estadísticas de Justicia (BJS en inglés) informó una cifra 7 veces más elevada, otros 150 incidentes diarios.* Uno de los autores del informe, Michael Liberman, portavoz de la Liga Contra Difamación en Washington, dijo que entre los más de 7.500 crímenes por odio documentados en 2007, los crímenes por prejuicios raciales fueron los más numerosos, seguidos por los ataques vinculados a la religión y luego por los relacionados con la orientación sexual de las víctimas.

El estudio presentado muestra que entre 2003 y 2007 aumentó en casi 40% los crímenes cometidos por odio contra los hispanos. «De todos los crímenes motivados por prejuicios contra minorías denunciados en 2007, el 7,8% afectó a hispanos», señaló el estudio. «De todos los crímenes en 2007 motivados por prejuicios hacia el grupo étnico o el origen nacional de la víctima, casi el 60% afectó a hispanos, un aumento de casi el 50% desde 2003».

EL CRIMEN DE ODIO ES, EN PRIMER LUGAR, RACIAL. EN SEGUNDO LUGAR, A LOS HISPANOS. Y EN TERCERO, POR RELIGIÓN

La diferencia nace de que el «FBI cuenta solamente crímenes informados a la policía... la BJS recopila datos de las víctimas a las que se les pregunta si el odio tuvo algo que ver en el crimen», según el estudio «Crímenes de Odio en América», publicado por el Instituto Nacional de Justicia en el año 2007 Mientras que las autoridades y las víctimas discuten sobre si un crimen debe ser considerado «crimen de odio», Estados Unidos asiste cual mudo testigo a su propio derrumbe de su sentido de equidad y de seguridad.

¿Recuerdan la muerte en Shenandoah del inmigrante indocumentado mexicano y padre de dos niños, Luis Ramírez, a manos de adolescentes? El jurado decidió que ese caso no era un «crimen de odio», que no se trataba de un asesinato, ni siquiera lo consideraron un asalto agravado. Decida usted si se hizo justicia en aquel caso después de leer estas expresiones de quien presidiera el jurado, Eric Maclin, en el caso Shenandoah: «Sin duda algunos en el jurado eran racistas. Creo que los cuatro muchachos involucrados eran en su mayoría racistas. Absolutamente lo creo. Derrick Donchak, uno de los perpetradores, vistió una camisa de la Patrulla de Fronteras en una fiesta de Halloween a la que asistió luego de la muerte de Luis. ¡Eso es racista, eso va más allá del mal gusto! Aquello es horrible». Horrible en verdad, el odio y el asesinato serán rampantes, pero recuerde que aún «no es oficial». Por *AL DÍA Newspaper*.

Análisis en detalles del proceso

El odio se inicia con una herida, «una causa emocional sin entender». La sociedad actual sufre las consecuencias del desprecio de los unos hacia los otros (rechazo, iniciado por una herida). En sí, esta es la llave al distanciamiento y la ruptura de amistades, separaciones de matrimonios y divisiones entre hermanos, extendiéndose a lo largo de muchas generaciones. Las heridas del alma son difíciles de detectar y más dañinas que el cáncer. Si analizamos detenidamente las causas que producen las enfermedades más terribles, podemos encontrar que el rencor (que es un paso a la ira) puede desarrollar turbulencias emocionales que ocasionan enfermedades irreversibles.

El alma al encontrarse aprisionada, y ser esta el centro de las emociones, lleva un mensaje de ansiedad a todo el cuerpo que se propagará mediante los impulsos nerviosos, transmitiendo pensamientos de preocupación y miedo, activando de esta forma el temor en el cerebro.

El temor también es un arma de doble filo muy anexada que desencadena confusión y ceguera. Por eso, a los afectados por el enojo agudo le es difícil entender y menos razonar como es debido la etapa difícil que está pasando. Desmedidamente se deja llevar por las emociones (que en ese momento están al máximo y pronto a estallar en ira). Como se dice a menudo: «Está a punto de cometer una locura». En ese momento, la persona no está capacitada para tomar decisiones y es lamentable que muchos de los divorcios se decidieran en esos instantes.

EN LA LEY DIVINA YA ESTABAN LOS APROPIADOS CONSEJOS PARA CADA SITUACIÓN DIFÍCIL, SOLO HAY QUE LEERLOS Y PONERLOS POR PRÁCTICA.

El hacedor del alma y del cuerpo, nuestro Dios, sabe los secretos de los desequilibrios que producen las emociones negativas, y por tal razón dejó consejos prácticos para que el hombre los aplicase en su favor y no sucumbiera ante las condiciones agitadas de los sentimientos. Uno de ellos dice así:

- *«No aborrecerás [odiarás] a tu hermano en tu corazón; razonarás con tu prójimo, para que no participes de su pecado».* (Levítico 19:17)

- *«No te vengarás, ni guardarás rencor a los hijos de tu pueblo, sino amarás a tu prójimo como a ti mismo. Yo Jehová».* (Levítico 19:17-18)

Es bien importante guardar los consejos de Dios para evitar situaciones embarazosas que nos lleven a tomar indebidas decisiones. En estos consejos, leyes o «mandamientos» se esconden los secretos más significativos para vivir una vida saludable y feliz. El desprecio, la burla o el mal hablar hacia el prójimo, nunca fue recomendado por Dios, más bien exhorta que cuando haya disputas entre dos o más individuos, es de suma importancia que entremos en cordura. Razonar lo sucedido trae paz y no deja que se llegue a la ira (emociones alteradas sin control).

El guardar «rencor» es por la falta de perdón que con el tiempo se convierte en una raíz de amargura, difícil de arrancar. *El problema grave es que una herida no resuelta del corazón, que va creciendo y echando raíces de dolor, se convierte en rencor.*

Si no se sana en el momento oportuno, con el paso de los años se puede convertir en odio. Esta emoción negativa del alma no solo produce enfermedades, sino que al no existir un perdón genuino en el corazón, la persona actuará bajo un *fingimiento* total. Esto la llevará a vivir con un vacío tanto en el alma como en el corazón.

Las consecuencias del enojo

Cuando una persona se enoja contra alguien (ya sea su propio hermano, compañero de trabajo o familiar), se cumple lo que el apóstol Juan dice en su epístola, es decir, este se convierte en un homicida, o un asesino de su hermano.

> «Nosotros sabemos que hemos pasado de muerte a vida, en que amamos a los hermanos. El que no ama a su hermano, permanece en muerte. Todo aquel que aborrece a su hermano es homicida; y sabéis que ningún homicida tiene vida eterna permanente en él». (1 Juan 3:14-15)

Jesús mismo se refirió al enojo diciendo:

> «Cualquiera que se enoje contra su hermano, será culpable de juicio». (Mateo 5:22)

La palabra «culpable» en griego es *enocho*, que se traduce: «expuesto estará (a juicio)», «susceptible a una condición de condenación (pena)» o «imputación». Cualquiera que sea la clase social o espiritual que se tenga como individuo, si se enoja contra su propio hermano, estará expuesto a ser penado en el juicio final por Dios. En este verso Jesús se estaba refiriendo a la pena de juicio que se extendía a alguien que mataba a otra persona, haciendo la comparación que un homicida es igual al que se enoja contra alguien.

Dios estaba enseñando a través del diálogo con los religiosos de su tiempo, cómo actuaba la maldad en el corazón del hombre y cómo entraba el pecado de asesinato a través del enojo coherente. Jesús estaba explicando que el enojo era la puerta al camino que va hacia el odio. De la misma, manera muchos siglos atrás, Dios dialogó con Caín para que razonara lo que estaba pasando en su corazón y pensara antes de actuar. Dios estaba tratando que Caín entrara en razón, enseñándole que tuviera cuidado: «*Si no hicieres bien*», debes cuidarte de no «*abrir puertas*»; es decir, si la tentación esta cerca, hay que tener cuidado de no caer en pecado.

El celo es parte del enojo. El malentendido crece en el corazón como un sentimiento de envidia; esto se manifestó literalmente en Caín haciendo caso omiso del diálogo y razonamiento al que Dios lo estaba llevando. En su necedad, ejecutó el pecado, manifestándose con gran cólera (ira), convirtiéndose así en el primer asesino de su hermano. Un enojo sin control lleva al desastre. La ofensa de Caín lo llevó al enojo; ese enojo lo hizo encenderse en ira, cambiando así su semblante. Caín se llenó de amargura y esta lo condujo al rencor. Al distanciarse de su hermano, maquinó su venganza contra él, hasta que llegó a ejecutar el plan para destruirlo.

Dios no es partícipe de eso porque su naturaleza es amor y el enojo es el inicio de algo contrario a lo que Él es; por eso dice: «Dame hijo mío tu corazón». El corazón es donde se inician las maquinaciones que pueden llevar al hombre al pecado. El pecado es la puerta directa a la muerte espiritual. El corazón está lleno de cuevas oscuras y profundas que ni siquiera la misma persona conoce. Solo la luz del Señor que es verdad y puro amor, puede alumbrar nuestras tinieblas. El corazón se puede comparar a una oscura cueva, de ahí que descubramos que el inicio del odio contra el hermano nace de la cueva de EDOM. (Más adelante, les explicaremos de modo más detallado acerca de este tema).

¿Por qué la gente se enoja contra Dios?

La gente se enoja porque es más fácil hacerlo que asumir la responsabilidad. La gente culpa a Dios de los desajustes financieros, de sus propias desgracias y fracasos. Las presiones cada vez más tensas, y los problemas para enfrentar las diferentes crisis, aumentan con rapidez.

LA AMARGURA Y EL RESENTIMIENTO SON EL FRUTO DEL ENOJO; LA FRUSTRACIÓN ES LA CONSECUENCIA.

Sin darse cuenta, las personas maquinan en su mente y buscan un culpable para su problema. En el libro de Génesis leemos la historia de la manera en que Adán culpa a su mujer, Eva, y esta a su vez acusa también a la serpiente.

EL HOMBRE SIEMPRE ESTÁ BUSCANDO RESPONSABLES A SUS FRACASOS, PERO NUNCA ADMITIRÁ SU PROPIA CULPA.

Hoy la historia se repite; muchos están literalmente echándole la culpa a Dios de las cosas que les suceden. El lenguaje común es: «Y si Dios es tan bueno, ¿por qué no hace nada con el hambre? ¿Por qué no ayuda a los niños desamparados?». El hombre, en su egoísmo, queda ciego a la realidad; hay una sola verdad y la desobediencia ciega esta situación.

Análisis del corazón

«Engañoso es el corazón más que todas las cosas, y perverso; ¿quién lo conocerá? Yo Jehová, que escudriño la mente, que pruebo el corazón, para dar a cada uno según su camino, según el fruto de sus obras».
(Jeremías 17:9-10)

Hace ya un tiempo, Stephen Hanson tuvo una revelación acerca del corazón. Dice así:

Yo estaba en el mar bajo la superficie del agua mirando hacia abajo a Él. Después, estaba en el medio de un estanque subacuático que llevaba a la gente a lo profundo del mar para explorarlo. El Señor estaba conmigo, mientras viajábamos juntos abajo. Yo observaba y veía varios remolinos y corrientes en el agua. Nosotros mirábamos las aguas del mar, pero sabía que esto era una analogía o símbolo de los que Él me estaba mostrando acerca del corazón: «Yo he creado un corazón nuevo en cada hombre y mujer. Es un lugar de mi domicilio y es donde yo resido. Ríos de agua viva fluyen ahí. En el mar hay corrientes que son continuas, hay remolinos y varias mareas. En las profundidades del océano hay muchos lugares secretos. Hay lugares donde el hombre nunca ha ido. Hay varias criaturas que son ocultas, pero yo conozco esos lugares porque excavé las cavernas y lugares subterráneos. Hay lugares que solamente yo conozco. Estos lugares yo los vacío y hablo desde ahí. Es en el lugar secreto que yo habito. Porque ahí hay silencio y las corrientes no lo invaden». Es como un hombre que baja en el mar a explorar la profundidad. Es guardado del agua de afuera. Es protegido de esos elementos. Y ese es el lugar donde YO estoy.

Yo he explorado esas cavernas que están en lo profundo de sus corazones. Nadie ha llegado hasta abajo. Hay engaño en el hombre que no conoce. Y a pesar de eso, puedo crearle su corazón nuevo. Puedo hacerle cirugía en esas esferas que necesitan trabajo.

Déjame explorar la profundidad de tu corazón contigo porque es a través del corazón que el hombre cree. Y entonces yo haré un altar y un santuario. Ahí yo he vaciado y ahí yo haré una obra preciosa. Yo no miro la apariencia de afuera, sino lo interior del corazón. Y tú dirás: «El Señor me ha dado un nuevo corazón».

¿Cómo ser libre de este aterrador mal que influye en los seres que habitan en este planeta?

Comencemos juntos este largo y meticuloso viaje para descubrir la cueva donde se ha escondido por siglos y poderlo sacar a la luz. De esta forma, el Espíritu Santo te ayudará a vivir libre en cada área de tu vida. A veces no es tan fácil descubrirlo cuando hay intrusos en la cueva del corazón. ¿Quiénes son? ¿Cómo los sacas a la luz y los reconoces? Sigue leyendo... hay más para ti en el día de hoy.

4

LAS CUEVAS DE EDOM

... el rencor oculto en el corazón

¿Cómo una persona puede tener dentro de su corazón un espíritu de enojo, por un determinado tiempo? No podemos dejar de sacar la conclusión que lo que se esconde bajo el lema de un sentimiento (tan «común» entre familiares y amigos), no deja de ser un espíritu de rencor. Como lo nombramos en el capítulo anterior, la primera vez que se nombra el rencor en la ley de Dios es en Levítico cuando Él mismo enseña a Moisés para que este exhorte al pueblo y se cuide de poner en práctica sus mandamientos. *Contradecir estos mandatos es exponerse a la desobediencia que trae ataduras del alma y forma prisiones dentro del propio corazón del hombre.*

*«No te vengarás, ni guardarás rencor
a los hijos de tu pueblo, sino amarás a tu prójimo
como a ti mismo. Yo Jehová».*
(Levítico 19:18)

La palabra «rencor» en hebreo es *nacám* y significa: «vengar, vengativo, castigar, que es vindicación». Cuando el corazón se carga de rencor por una ofensa sin perdonar (aunque la persona lo niegue), se establece un hombre fuerte en la vida de esa persona que es un espíritu rencoroso que tiene como finalidad un deseo oculto de venganza.

Como este espíritu está oculto, no razona; el deseo de venganza está cubierto por tinieblas. Lo contrario al rencor es el amor. En el perfecto amor no existe el temor; el amor no busca lo suyo ni es rencoroso. Dios es amor y en Él no hay tinieblas ni oscuridad. ¿Por qué permitir entonces vivir tanto tiempo bajo la sombra del rencor? ¿Cuánto dolor hay retenido por no alcanzar el verdadero espíritu de nuestro Padre celestial que es el amor?

La falta de amor en la infancia de un niño hace que quede un vacío en su corazón. Los espíritus de maldad actúan presionando a los hombres perversos (aun dentro de los «piadosos» masones se practica la pedofilia, ellos la aconsejan desde la edad de cuatro años hasta los trece).

Satán (el enemigo del género humano) sabe que si un niño es molestado o violado en plena inocencia, su personalidad será afectada y entrará en él una confusión que desequilibrará su subconsciente. Indudablemente, esto produce un vacío dentro de su temperamento que solo la presencia de Dios podrá llenar en el momento adecuado, cuando pueda ser ministrado personalmente en esa área. Un niño maltratado siente temor no solo a ser descubierto, sino a las amenazas del violador. Una persona prisionera del temor queda atada y llena de un profundo dolor. La ira, la frustración, el temor y el sentirse atado a los sentimientos de rencor son las causas para que nazcan desequilibrios emocionales difíciles de explicar. El rencor esconde dentro de sí mismo sentimientos de venganza que, aunque muchas veces no podrán llevarse a cabo, quedarán retenidos dentro del corazón en un complejo mar de emociones desequilibradas que traerán agobio y carga para el alma. El verdadero amor, «*no guarda rencor*» (1 Corintios 13:5).

Las cuevas de EDOM son el lugar preferido del rencor

Este puede ser el pensamiento de miles de hermanos, así como pensó Esaú en su corazón: «*Llegaran los días del luto de mi padre, y yo mataré a mi hermano Jacob*» (Génesis 27:41).

Dentro de las cuevas profundas del corazón se ocultan las tinieblas de las enemistades y el rencor. Hemos visto históricamente cómo familias a través de los años han estado marcadas por el odio y el rencor. Las heridas que no fueron sanadas entre hermanos y familiares se convirtieron en espíritus de odio generacional. Sin embargo, para comprender mejor este tema, iremos al pasado para conocer por qué asociaremos las cuevas del corazón con las cuevas de Edom. Bíblicamente, Edom es representativo del

Sé libre del rencor

espíritu de las enemistades que pasan de generación a generación.

¿Quién era Esaú?

Esaú, a quien se le conoce como el «padre de los edomitas», fue hijo de Isaac y Rebeca. Desde el vientre de su madre, Esaú peleó con su hermano gemelo, Jacob, por la primogenitura. La Palabra dice lo siguiente: «*Y los hijos luchaban dentro de ella*» (Génesis 25:22).

El espíritu de Esaú era independiente, típico de un joven rebelde sin causa. Su caminar tortuoso resultó en «amargura de espíritu» para sus padres (Génesis 26:35). Su madre sufría por sus actitudes rebeldes. No solo se casó con las hijas de los heteos (algo prohibido por sus costumbres), sino que también tomó por esposa a la hija de Ismael y, más adelante se enlazó con las hijas de los cananeos (véanse Génesis 27:46; Génesis 28:9). La vida de Esaú fue muy inconstante y tumultuosa. Se destacó porque fue polígamo, algo que Dios aborrecía. Entre todas las mujeres y concubinas que escogió (fuera de su parentela), nacieron dos poderosas tribus enemigas acérrimas de Israel: «Coré» y «Amalec».

El nombre de Esaú fue cambiado por Edom que significa *rojo*. Eso sucedió cuando al llegar muy cansado de cazar, Esaú le pidió a su hermano Jacob que le diera de comer un guiso de lentejas con cabrito (rojo) que este estaba cocinando. Jacob le dijo a su hermano Esaú que le daba esa comida si le vendía su primogenitura, y él aceptó. ¿Pudo enojarse Esaú con su hermano por el trueque que este le hace? ¿Acaso algo físico como el comer se puede comparar con la herencia espiritual? ¿Acaso no peleaban ya desde el seno de la madre? ¿No llevaban en la sangre la enemistad? El corazón de Esaú no le dio valor a la «bendición de Dios». Ser el primero en nacer le traía en sí el privilegio de pertenecer a la genealogía del Mesías esperado. Esaú solo valoraba el presente de su hombre natural; era «carnal», no era un hombre espiritual.

POR UNA COMIDA O UN INTERCAMBIO DE PALABRAS, EN UN SEGUNDO Y DE LA NADA, PUEDE SUCEDER UNA RUPTURA GENERACIONAL ENTRE DOS HERMANOS. EL DESEO DE VENGANZA LLEGA AL CORAZÓN POR HERIDAS NO CURADAS, MALENTENDIDOS, MOMENTOS DE IRA Y POR FALTA DE COMUNICACIÓN.

La decisión en el corazón sale en la expresión de la boca: «*Llegarán los días del luto de mi padre, y yo mataré a mi hermano Jacob*» (Génesis 27:41). La enemistad tiene lugar cuando el corazón se presta al «rencor» y hay peligro de que esta se convierta en odio. *El mismo rencor es la sed escondida de venganza.*

¿Qué representa EDOM espiritualmente?

El profeta Amós predice el porqué se castiga a EDOM. Edom representa el rencor escondido dentro del corazón por su hermano. Por cuatro pecados será castigado. No importa quién sea ni de qué familia venga. Ese espíritu de venganza y odio se esconde en las cuevas de Edom y hay muchos que no son prosperados porque guardan rencores escondidos. Las personas rencorosas no entienden que eso ha sido el impedimento para que sean prosperados por Dios. Se siguen quejando del dolor y viven oprimidos por los recuerdos del pasado.

«Así ha dicho Jehová: Por tres pecados de Edom, y por el cuarto, no revocaré su castigo; porque persiguió a espada a su hermano, y violó todo afecto natural; y en su furor le ha robado siempre, y perpetuamente ha guardado el rencor».
(Amós 1:11)

¿Qué se destaca en el padre del rencor para que aprendamos acerca de esto?

1. **Persiguió a espada a su hermano.** Dios prohíbe en su Palabra las enemistades. Todo aquel que persiste en desobedecer, (pecar) cae bajo maldición.

2. **Violó todo afecto natural.**

3. **En su furor le ha robado siempre.**
   Esta actitud del corazón es la que roba constantemente las bendiciones. Es un

espíritu asignado por las tinieblas para oprimir a la persona que no perdona y, a la vez, enviar opresión al oponente.

4. **Perpetuamente ha guardado el rencor.**
   Dios lo declara abiertamente: *«Mía es la venganza, yo pagaré»* (Romanos 12:19). Nadie puede tomar la venganza por su propia mano, cuando Dios mismo ha dicho que solo a Él le pertenece (véase Isaías 63:1-5).

«La soberbia de tu corazón te ha engañado, tú que moras en las hendiduras de las peñas». (Abdías 1:3)

Uno de los pecados que oculta el «rencor» es la soberbia. Este es el pecado que Dios juzga por la cual Edom cayó, se vanaglorió de su posición y se burló de su hermano. Dios no podía permitir que la soberbia subiera más arriba que el trono de Dios. Solo Él es el ALTÍSIMO [*El Elyon*].

Edom se juntó con los enemigos de Jacob para ir en guerra contra de su propio hermano. Esta es una táctica que Dios aborrece, y no dejará sin castigo a aquel que se junte con los enemigos de su hermano para herirlo duramente.

«Porque se confabulan de corazón a una, contra ti han hecho alianza las tiendas de los edomitas y de los ismaelitas, Moab y los agarenos». (Salmo 83:5)

Por lo general, este salmo confirma que el enemigo se une con otros espíritus de maldad para perseguir a los escogidos de Dios. Jacob ha sido muchas veces juzgado duramente y se ha enseñado de él como el engañador y usurpador, pero vemos cómo Dios mismo desde el vientre de su madre lo llamó «el que suplanta», porque iba a reemplazar a su hermano y heredar las bendiciones escogidas por Dios.

¿Por qué Edom fue castigada grandemente por Dios?

La profecía dada por el profeta Abdías dice: *«Por la injuria a tu hermano Jacob te cubrirá vergüenza»* (Abdías 1:10; véase también 11-14). Dios castigó en gran medida el pecado de Edom (pecado que se generalizó en los descendientes de Esaú).

Injuria puede definirse como desprecio, desaire u ofensa. Dios revela por su Palabra que es bien importante que arreglemos rápidamente las ofensas entre hermanos.

Versículo 12. *«Pues no debiste* tú haber estado mirando *en el día de tu hermano, en el día de su infortunio».* Caín no veló ni estuvo como Esaú pendiente de su hermano; pero su indiferencia se convirtió en pecado delante de Dios.

«No debiste haberte alegrado». Toda persona que en el corazón se alegra de la caída del hermano

comete un grave pecado delante de Dios. El espíritu que operaba en todos los habitantes edomitas en el día de la angustia de los israelitas *se jactó*. En la cueva de EDOM, que es el corazón, está todo lo oculto y escondido de los seres humanos, y cuando ese corazón se jacta y se goza del mal que le ha caído al prójimo, es un pecado delante de los ojos de Dios. Alegrarse de la desgracia de un hermano con otras personas es un fallo que Dios no tolera.

La forma de actuar de Esaú es el espíritu que se goza en hacer su «*propia voluntad*» (rebelión). Dios dijo que su Espíritu siempre estaría en conflicto con la carne. EDOM es el espíritu de odio hacia el hermano y Dios no lo puede aprobar porque en su ley está escrito: «Amarás a tu prójimo [vecino, hermano] como a ti mismo». Dios te está llamando a comprometerte, a obedecerlo incondicionalmente para que tú puedas ser el «Israel de Dios». El apoyo de la madre Rebeca siempre fue hacia su hijo Jacob, hermano mellizo de Esaú. Dios, por pura gracia, escogió al segundo y no al primero. La Biblia es muy clara al decir esto en Romanos 9:10-12: «*Y no sólo esto, sino también cuando Rebeca concibió de uno, de Isaac nuestro padre (pues no habían aún nacido, ni habían hecho aún ni bien ni mal, para que el propósito de Dios conforme a la elección permaneciese, no por las obras sino por el que llama) se le dijo: El mayor servirá al menor*».

Esaú equivale a nuestra naturaleza pecaminosa

Esaú y Jacob son tipos y figuras de *nosotros mismos*. El profeta Malaquías nos una palabra concerniente a esto: «*Profecía de la palabra de Jehová contra Israel, por medio de Malaquías. Yo os he amado, dice Jehová; y dijisteis: ¿En qué nos amaste? ¿No era Esaú hermano de Jacob? dice Jehová. Y amé a Jacob, y a Esaú aborrecí, y convertí sus montes en desolación, y abandoné su heredad para los chacales del desierto. Cuando Edom dijere: Nos hemos empobrecido, pero volveremos a edificar lo arruinado; así ha dicho Jehová de los ejércitos: Ellos edificarán, y yo destruiré; y les llamarán territorio de impiedad, y pueblo contra el cual Jehová está indignado para siempre*» (Malaquías 1:1-4).

Estos dos personajes nos hablan de la naturaleza que nosotros como individuos tenemos. Esaú representa la naturaleza pecaminosa y caída. Jacob representa lo contrario, la naturaleza restaurada y levantada según el modelo de Dios.

Recuerda: Esaú no tuvo en cuenta el destino y el propósito profético que Dios tenía para él, y sencillamente, por un plato de lentejas o por un momento de placer, cambió lo que Dios tenía destinado para él. Satanás intenta una y otra vez, de la misma manera que lo hizo con Esaú, no darle importancia a las cosas espirituales y convencerte para que te alejes del propósito de Dios; así como lo hizo con Esaú, que cambió su destino glorioso por un plato de lentejas. Esaú entonces simboliza nuestra naturaleza caída, nuestro viejo hombre, un estado carnal y natural; mientras que Jacob simboliza el nuevo hombre en Dios. Es la naturaleza espiritual que Dios ha puesto en nosotros por la gracia sobrenatural en Jesucristo, el Hijo eterno. Dios no aprueba nuestra naturaleza caída. Dios ama al pecador, pero no ama lo que el pecador hace que es la desobediencia a su ley... Dios aborrece la naturaleza caída. Asimismo, dice la Biblia, que los que andan conforme a la carne nunca podrán agradar a Dios. Esaú representa la naturaleza caída, esto tiene que ver con el pecado y la carne, por eso no puede agradar a Dios. Amalec es descendiente de Esaú, y este representa la obra de la carne. El mismo significado de su nombre nos puede dar un ejemplo de lo que estamos hablando.

Visión de Abdías: Palabra de Dios en cuanto a EDOM

A veces el espíritu de rencor está íntimamente ligado a la soberbia. La Palabra dice que el orgullo es la raíz de todos los males. Esta palabra nos muestra claramente que del tronco de la soberbia (pecado inicial de Lucifer) echa ramas el rencor, el rechazo, el odio, la venganza. No tenemos duda entonces de descifrar que cada ser humano batalla con el pecado original radicado en su cuerpo, y el orgullo es el tronco principal de este pecado. Muchos pueden decir: «Yo no soy orgulloso», pero desconocen que todos estamos bajo la maldición del pecado de Adán. Todos batallamos con esta maldición que podemos llamar «generalizadamente» carne.

Versículos 3 y 4. *«Tú que decías en tu corazón».* El profeta se está refiriendo a los descendientes de Esaú con la misma expresión que lo hace el profeta Isaías cuando describe también este espíritu de soberbia: *«Tú que decías en tu corazón»* (Isaías 14:13).

Vemos una similitud entre el corazón que se nombra en Ezequiel con el que se nombra en Abdías, refiriéndose a Edom.

Monte de Sion contra monte de Esaú

El enfrentamiento que comenzó en un vientre terminará en el tiempo futuro cuando el monte de Sion (casa de Jacob) se levante para juzgar a la casa de Esaú y el Reino de nuestro Señor Jesucristo permanezca por los siglos de los siglos. El Señor celebrará un día de venganza, un año de desagravio para defender la causa de Sion.

«Porque es día de venganza de Jehová, año de retribuciones en el pleito de Sion» (Isaías 34:8). En otra traducción, «retribuciones en el pleito» dice: *«Otorgaron causa»*, en el sentido de una causa legal.

La palabra hebrea es *reeb*, y la *Concordancia de Strong* señala como el significado de: *«le rinde a un certamen* (personal o legal)». En otras palabras, Dios fecha una cita para el tribunal de Edom porque Él tiene una causa legal, o una controversia, referente a «Sion», es decir, referente a la administración del Reino. Debido a que el Sion original fue el lugar del trono de gobierno de David, Sion se convirtió en un símbolo de la administración del Reino.

Por supuesto, de este lado de la cruz creemos que la Nueva Jerusalén tiene prioridad sobre la Vieja Jerusalén y asimismo, hay una «Nueva Sion» que es distinta de la localidad original. Una vez que tenemos por entendido que las profecías con relación a Esaú se supeditan a todos estos nombres diversos, es evidente que la Biblia está llena de profecías en contra de los descendientes de Esaú en los últimos días. Muchos no se percatan de esto, sin embargo, muchas declaraciones proféticas son dirigidas a uno de los otros nombres: Edom, Idumea, Seir, Temán, o Amalec. «*Y subirán salvadores al monte de Sion para juzgar al monte de Esaú; y el reino será de Jehová*» (Abdías 1:21).

La profecía muestra dos montes, el monte de Satanás y el monte de Dios, el monte de Sion y el monte de Esaú. Monte Sinaí, monte Calvario. El monte de Sion es donde la compañía de millares de ángeles se congregarán, es el lugar espiritual que será visto por un tiempo reposar sobre Jerusalén en cuando el Rey gobierne sobre la tierra. El monte oponente es

Sé libre del rencor

el monte de Esaú; monte de rechazo, odio y rebelión, donde las aves de rapiñas viven. Es lo contrario a la luz, está lleno de tinieblas y odio.

«Se adueñarán de ella el pelícano y el erizo, la lechuza y el cuervo morarán en ella; y se extenderá sobre ella cordel de destrucción, y niveles de asolamiento. Llamarán a sus príncipes, príncipes sin reino; y todos sus grandes serán nada [...] Allí anidará el búho, pondrá sus huevos, y sacará sus pollos, y los juntará debajo de sus alas; también se juntarán allí buitres».
(Isaías 34:11-12, 15)

¿En qué monte te encuentras? ¿Estás en el monte de la promesa en busca de la herencia eterna o en el monte de la carnalidad que busca los placeres pasajeros de la vida?

**HOY ES EL TIEMPO DE LA DECISIÓN.
NO DEJES QUE UN RENCOR TE ROBE
TU HERENCIA ESPIRITUAL Y FÍSICA.
¡PELEA POR TU HERENCIA!**

5

LA SEÑAL
DE LA TRAICIÓN

*... Amalec aparece
por la espalda*

El nacimiento y la aparición de Amalec

Esaú tuvo un hijo llamado Elifaz, quien con una concubina (relación ilegítima) le nació un hijo que le llamó Amalec. Este fue príncipe de los amalecitas (véase Génesis 36:12). El espíritu de fornicación y de rebelión pasó a través de los genes a su hijo, y esta maldición tomó fuerza directamente a su nieto. Amalec significa «*maldito de Dios*». Podemos destacar entonces que de los lomos de Esaú y de una relación ilícita salió el refinamiento de la venganza. Si bien en EDOM (Esaú) estaba el rencor, en su nieto se entremezcla más aun la maldición, la maldición de la fornicación que es la iniciación a la rebelión y a la anarquía. Todo ritual de brujería se inicia con el acto de la fornicación. En la Biblia se nos narra que años después Dios le habla a Moisés y le da una promesa de expandirse a un nuevo territorio llamado Canaán. *Canaán significa para nuestro presente, el lugar de posición y de provisión. Una vez que llegues allí, vas gozar de su favor y de su prosperidad.* El objetivo de

Dios en ese momento era libertar al pueblo de la opresión de cuatro centenas de años. Dios mostró a su pueblo las maravillas de su poderosa mano y con poder los llevó para que cruzaran el Mar Rojo en seco. Sin embargo, la persecución de Faraón no terminaría ahí, continuaría en el desierto bajo otro nombre (Amalec). Allí los israelitas se encontrarían con enemigos más sagaces y astutos. Amalec fue el primer enemigo que Israel tuvo que vencer camino a la tierra prometida. Este los atacó cuando estaban en Refidim, enojados y murmurando contra Moisés.

> *«Y llamó el nombre de aquel lugar Masah y Meriba, por la rencilla de los hijos de Israel, y porque tentaron a Jehová, diciendo: ¿Está, pues, Jehová entre nosotros, o no? Entonces vino Amalec y peleó contra Israel en Refidim».*
> (Éxodo 17:7-8)

La palabra *Meriba* significa «lucha (rencilla, disputa querella o queja)». Cuando una persona está en rencilla contra alguien, hay que tener cuidado porque es por esa puerta que el enemigo atacará y reafirmará la maldición. La lluvia del cielo que es la bendición de Dios se detendrá. Hasta que la persona no gane la batalla, estará expuesta a un aislamiento de la presencia de Dios.

Los amalecitas aparecieron de la nada y le declararon la guerra a los israelitas. Así es en la vida real. Muchas personas no saben ganar sus propias batallas espirituales y siempre están dependiendo de las oraciones de los demás. ¡Esta es la clave! La rebelión del corazón se manifestará con rencilla y queja, y eso hace que el alma entre en más cansancio y estrés. Amalec aparece en la escena y Moisés le da la orden a Josué que se aliste para la batalla mientras él se mueve hacia el monte a interceder; ahí se inicia la batalla. Hoy por hoy, el espíritu de venganza te podrá atacar cuando estás cansado y quejoso desde el punto de vista espiritual.

SIEMPRE SE LEVANTARÁ CUANDO ESTÁS A PUNTO DE CONQUISTAR LO GRANDE QUE HAS SOÑADO EN DIOS, PERO CUANDO ESTÁS DÉBIL Y DESENFOCADO DE LA VISIÓN, TE PODRÁ DERROTAR.

En Éxodo 17:8-16, se narra que cuando el pueblo de Israel fue a poseer la tierra prometida, Amalec le sale al encuentro y lo ataca de manera cobarde por la retaguardia. Amalec atacó a los débiles, a los desanimados e hizo estragos por detrás. Esto mismo pasa en las congregaciones cuando solo es un grupo el que siempre está entregado a la oración, clamando e intercediendo. ¿Qué pasa entonces con los que se quedan atrás? Están caminando con lentitud y a veces distraídos. Amalec ataca a los que están en la retaguardia y están perdiendo la visión. Los que se quedan atrás espiritualmente están en una posición peligrosa: se convierten en el blanco del enemigo.

Sé libre del rencor

Si te sientes desanimado y has dejado que otros hagan las cosas porque quedaste frustrado por actitudes del pasado que te hirieron, te digo algo: No te quedes indiferente de lo que está ocurriendo, ¡¡¡avanza!!! Ocupa el primer lugar, que es el de la batalla, y gánala en el Nombre de Jesús. ¡Hazlo como un acto profético en estos tiempos! Los que están en primera línea son los que van a tener una visión más clara y van a participar de las grandes victorias del Reino.

Comienza la batalla visible

Llegando a Refidim les salió al encuentro Amalec, su propósito era pelear contra Israel. En esto vemos el espíritu que envolvía esta batalla y que tenía venganza y odio contra el pueblo de Dios. Esta guerra continúa hasta el día de hoy.

Cuando delante de ti haya un destino divino, siempre se levantará para detenerte con oposición el espíritu de Amalec.
Su propósito será:

- Retenerte.

- Matar los planes de Dios.

- Entretenerte en el desierto.

- Evitar que entres a gozar la provisión total de la bendición de Dios.

La palabra Refidim significa «*espacio*» o «*sostén*» (lugar de descanso). El cerro de Refidim es el lugar donde Moisés subió; es aquí donde el alma cansada, bajo la presión de la batalla espiritual, recibe el apoyo directo del cielo y del Espíritu Santo, como se lo dieron a Moisés, Hur y Aarón. Moisés rápidamente da las instrucciones de lo que se debe hacer: «*Y dijo Moisés a Josué: Escógenos varones, y sal a pelear contra Amalec; mañana yo estaré sobre la cumbre del collado, y la vara de Dios en mi mano*» (Éxodo 17:9). Moisés fue un hombre de gran valor, pero también tenía personas fieles que lo rodearon con visión de pacto. Hur y Aarón lo apoyaron en la intercesión.

CUANDO ESTÉS QUEJOSO Y BAJO PRESIÓN, NO TE QUEDES SOLO, LA TENTACIÓN VENDRÁ Y SERÁ FÁCIL PARA EL ENEMIGO DERROTARTE.

La estrategia de Moisés fue la unidad en equipo. Ora con alguien para fortalecerte en tu interior. Dios se glorifica cuando hay unidad y dos que se ponen de acuerdo.

Si tú te decides servir a Dios para ser un vencedor, haz pacto con Él. Tienes que saber que todo lo que *no* está bajo pacto es ilegal. Toda relación ilegal fuera de los designios de Dios no llevan a la bendición, sino a maldición. Por eso, el hombre tiene que entrar en el «nuevo pacto» hecho en la Sangre de Jesús para recibir la bendición de su gracia.

«*Y sucedía que cuando alzaba Moisés su mano, Israel prevalecía; mas cuando él bajaba su mano, prevalecía Amalec*» (Éxodo 17:11). Esto significa que es una lucha en la que tienes que alcanzar el beneplácito de Dios. Está escrito que el Señor peleará contra Amalec de generación en generación. Quiere decir que la guerra contra Amalec es diaria, mientras estés en la tierra. Cuando te decides a tomar los desafíos en Dios, Amalec te va a perseguir. En el momento que dejes de vivir por el Espíritu, y amar a Dios entrañablemente, Amalec empezará a tomar fuerza. «*Y las manos de Moisés se cansaban [...] y Aarón y Hur sostenían sus manos*» (Éxodo 17:12). Hoy en día cuando las manos de alguien se cansan, es de lamentar que haya otros que estén listos para derribarlo. *El secreto de la unidad en el momento de presión es básico para la victoria rotunda.*

El secreto de estar conectado

Josué estaba unido a su autoridad espiritual que era Moisés, y este a su vez estaba conectado con una autoridad sobrenatural que era Dios mismo. *Para vencer a Amalec, tienes que estar conectado con tu pastor y mantenerle las manos en alto,* pues cuando se las tienes arriba, un Amalec que está ahí abajo, peleando, contra tu naturaleza caída, no te podrá derrotar.

El nombre de Josué era *Yeshúa*, que en hebreo significa «Dios es mi salvación» y «Jesús». ¿Qué quiere decir esto? Que Josué era figura y tipo de Jesús. Él siempre estuvo conectado con su líder. Si Jesús no hubiera estado bien ligado a su Padre celestial, jamás hubiera derrotado la maldad. Aquí está el secreto, su trabajo en equipo.

LO QUE LE DIO A JESÚS PODER, HABILIDAD Y TRIUNFO ES QUE TENÍA UNA RELACIÓN DE RESPETO HACIA SU SUPERIOR. LO RECONOCÍA Y LO RESPETABA. NUNCA SE DESLIGÓ DEL TEMOR DE JEHOVÁ. LA REVERENCIA Y EL RESPETO FUERON SU FORTALEZA.

Tú tienes que estar conectado con una autoridad espiritual. No puedes caminar solitario en la vida. Dios mismo se revela a ti como el Dios que te ayuda. El único que puede libertarte de la esclavitud de tu carne es su Hijo, Jesucristo, no hay otro. Lo único que debes hacer es clamar como lo hizo Moisés y buscar la unidad con hombres de Dios que estén bajo sujeción. *La estrategia más poderosa es la unidad en la forma de proceder.* Amalec es demasiado astuto y resistente. Nunca te aísles de tus hermanos, ni te quedes solo frente a la batalla. La unidad es un arma bien poderosa; es lo que toma ventaja sobre el enemigo. Josué era el valeroso, Moisés el profeta intercesor, Aarón representaba el sacerdocio y Hur el hombre de fe, asociado con Aarón en la administración del pueblo junto al monte Sinaí.

Una misma visión con el líder

Siempre que quieras estar cerca de tus pastores, el diablo te pondrá los ojos encima para aislarte y atacarte. Cuando te dispones a estar ahí, cuerpo a cuerpo, trabajando, sacando adelante el propósito de Dios, recuerda que Amalec estará acechándote para interrumpirte y sacarte de la visión. Pero piensa en esto: si tú estás peleando la buena batalla de la fe, y «el Moisés» (tu líder espiritual) está cerca de ti clamando por tu vida, te aseguro que Amalec no podrá vencerte

Mientras David estaba en Galaad, los amalecitas le atacaron el campamento en Siclar de una forma sorpresiva. Amalec siempre ataca la autoridad legal. Ataca con ideas, comentarios por ejemplo, los que dicen: «Yo no estoy de acuerdo con lo que dice el pastor, lo amo, pero no estoy de acuerdo con lo que hace, ni con su visión». No importa qué cargo ocupes en la iglesia, definitivamente estás siendo atacado por el espíritu que te quiere desconectar del cuerpo de Dios y de la visión. Dios le dijo a David que recuperara todo lo que Amalec le había robado (véase 1 Samuel 30). En este hecho, Amalec representa al espíritu mundano, el amor al dinero, las filosofías humanas como el humanismo, el liberalismo, el posmodernismo todo *ese conjunto de filosofías, que exaltan al hombre y lo reemplazan por el Creador y Dueño de todo.*

Este es un espíritu de mentira y de soberbia contra el Todopoderoso. Entonces, ¿por qué Dios está en pleito contra Amalec de generación en generación? Porque Amalec te tienta a lograr cosas que no deberías hacer y Dios te dice: «¡Acaba con Amalec!».

Ese es el propósito de Amalec: atacar a la autoridad espiritual. Si tú dices que Dios te reveló algo, pero eso no está de acuerdo con la visión de la casa donde sirves, hay algo que está funcionando mal porque Dios es un Dios de orden; primero, Dios se lo debe revelar al pastor de la casa. Josué venció a Amalec porque estaba conectado con Moisés.

Si Dios está en guerra contra Amalec nosotros también estamos en guerra contra él. Necesitamos un liderazgo de poder, palabra y revelación para no pasarle la mano tibia al pecado. No te quedes en el desierto, ve a la tierra de poder, de gloria y de autoridad que es lo que Dios tiene para ti.

6

ALCANZA EL ÉXITO EN MEDIO DE LA PRESIÓN

... porque los cielos estarán de tu lado

A veces no se sabe ganar porque se desconoce todo lo referente a la batalla.

Amalec estaba preparado, su condición presente en ese tiempo era guerrear. Israel estaba rumbo a una promesa, no tenía idea de guerra. Muchos hoy en día fracasan en su vida espiritual cuando se convierten porque desconocen que aceptar a Cristo es entrar en guerra. Pablo la llama «la batalla de la fe».

Observemos los detalles con Moisés en el desierto: «*Y dijo Josué a Moisés: Escógenos varones* [no le dijo "varones guerreros", no, le dijo "varones"] *y sal a pelear contra Amalec*» (Éxodo 17:9). El pueblo de Israel no era guerrero, ni estaba preparado para eso. Recordemos que duraron más de cuatrocientos años oprimidos bajo la esclavitud del imperio faraónico. Ninguno de ellos tenía entrenamiento para pelear. Los esclavos eran entrenados para servir bajo el yugo opresor. Ellos no estaban preparados para la batalla.

Sé libre del rencor

No tenían capacidad para poder enfrentar a Amalec y sus hombres fieros en la batalla. Israel dependía totalmente de Dios. Hoy mucha gente es librada de la carne y la esclavitud, pero cuando comienzan la vida cristiana, son pasivos en su vida espiritual. Jesucristo los limpió y los lavó de sus pecados con su sangre, pero no entienden la revelación de la guerra espiritual porque toda su vida ha estado atada a un opresor que los ha atrapado en un camino de total destrucción. Entonces, aparece Dios de repente en su vida «normal» y reciben el perdón de sus pecados, son perdonados, limpiados, pero cuando tienen que enfrentar la batalla de su propia carne, no saben ganarla porque nadie les explicó ni tienen convicción de que cuando alguien se convierte a Cristo, el mismo infierno le empieza a declarar la guerra.

Conciencia de la batalla espiritual

En ningún momento Josué le preguntó a Moisés por qué estaba dando órdenes. Nunca protestó, ni argumentó. Josué solo obedeció las órdenes de Moisés porque conocía a su líder y lo respetaba.

LOS LÍDERES DE ENFRENTAMIENTO SABEN UBICARSE PARA ACEPTAR LO QUE LES DICE DIOS.

La Biblia dice que Josué obedeció el mandato que Moisés le estaba dando: *«E hizo Josué como le dijo Moisés»* (Éxodo 17:10). Josué sabía que el pueblo no estaba preparado para guerrear y que el Señor los iba a vencer. Esta fue una estrategia. Moisés les dice: *«Mañana yo estaré sobre la cumbre del collado, y la vara de Dios en mi mano»* (Éxodo 17:9). La primera pregunta que de repente hubiera surgido en la mente de Josué o de cualquier persona era: «¿Qué hará Moisés en la cumbre del collado? ¿Por qué nos deja solos en este momento tan crucial de la batalla?». Sin embargo, Josué no pensó en eso.

«El hombre natural», dice la Biblia, *«no percibe las cosas que son del Espíritu de Dios, porque para él son locura, y no las puede entender, porque se han de discernir espiritualmente»* (1 Corintios 2:14). La mente natural, nunca entenderá lo que Dios está haciendo.

La vara que tenía Moisés en su mano representa la autoridad divina dada por Dios. Él tendría el poder y la decisión en sus manos. Moisés y Josué aceptaron el reto. La lógica de Dios no era que Moisés combatiera cuerpo a cuerpo con los amalecitas, sino que estuviera en la cumbre del collado. No en todas las guerras de Israel Dios obraba de la misma manera. Él no tiene siempre la misma forma de operar, pues puede hacer las cosas como quiere.

Moisés no se tenía que quedar en el llano, tenía que subir a la cumbre y ahí se iba a unir en una relación directa con Dios. Entonces, cuando Moisés levantaba las manos, Dios se conectaba con él. Moisés se colocaba en un estado intermedio entre la batalla de Amalec y el Dios Todopoderoso; era un puente entre lo divino y lo humano, entre lo poderoso y lo terrenal, entre la victoria y el fracaso, entre lo que Dios derrama y lo que Él está a punto de hacer en la tierra. Este fue un acto de obediencia, y cuando lo hacemos así, la gloria de Dios nos envuelve. Si tú levantas las manos sin revelación y sin conocimiento, no pasa nada, pero si lo haces dependiendo totalmente de su gracia y favor, serás más que vencedor.

Las manos de Moisés se cansaron, pero si no hubiera pasado así, la batalla hubiera sido más corta. Sin embargo, se cansaba. Es ahí cuando Aarón y Hur tuvieron una idea: tomaron una piedra y lo sentaron sobre ella. La piedra es algo inmutable que está ahí y permanece. Es tipo y figura de Cristo. Mientras tú te sientes en los fundamentos de tu propia naturaleza, Amalec te va a vencer.

CUANDO TE SIENTES EN LA ROCA ESTABLE Y PRINCIPAL DEL EDIFICIO QUE ES CRISTO, NO HAY NADA QUE TE HAGA MOVER DE BASE PORQUE ESTÁS AFIRMADO SOBRE UNA PIEDRA INCONMOVIBLE.

*Lo que Aaró*n y Hur hicieron fue un acto profético; y Moisés se sentó en la piedra porque de seguro estaba cansado. La lucha tanto física como espiritual es dura. Aunque Moisés se sentó, la lucha era en las

Alcanza el éxito en medio de la presión

manos, y ellos les sostenían las manos en lo alto. Una de las batallas más fuertes que un pastor o un ministro tiene que afrontar es la soledad. Aunque esté rodeado por la gente y la iglesia que le ama, lo que uno tiene que llorar muchas veces a solas con Dios es la soledad. Sin embargo, ahí estaban Aarón y Hur, gente de oración que estaba a su lado y le ayudaban a sostenerse. En esta guerra contra Amalec, únete a la gente de Dios, impulsados en oración y que viven en un mayor nivel espiritual. No te juntes con los que opinen y hablen de más. No te acerques a los que están vacíos, a los que nunca han restaurado a nadie, no han echado un demonio fuera, nunca han liberado a un oprimido y tampoco han sanado a nadie en el nombre de Jesús.

Hay ocasiones en que tú solo tendrás la victoria, pero hay otros momentos en que tendrás que experimentar la victoria corporativa; en la mayoría de los casos, se necesita la ayuda de otros para romper lo que Amalec tiene contra ti. Si el diablo sabe que puede hacerte perder una batalla, ya sabe que eres un perdedor. Cuando Amalec fue aplastado y vencido, se corrió la fama de Israel sobre todo el mundo restante. Cuando el diablo sabe que ya no puede jugar con tu mente ni con tus emociones, porque tienes perfecta comunión con Dios y te rindes por completo a Él, te aseguro que el diablo temblará porque sabe que tú eres una persona destinada a vencer.

Tienes que obedecer al Señor en todo lo que Él te dice. El problema no es ayudar a Dios, sino hacer lo que te ha mandado hacer. Hay ciertas guerras que tú las puedes ganar en cuestión de horas, pero otras se demoraran años. ¿Sabes por qué? Porque todo depende de tu actitud de obediencia a Dios; si eso no está pasando, es mejor que te preguntes por qué no estás alcanzando la victoria. ¿Dónde está la falla? Está en que la batalla es de Él y no de nosotros. Tienes que subir por encima de los obstáculos y de las barreras y cumplir con el propósito que Dios te ha declarado.

Moisés solo tenía que levantar las manos; a él le tocó la parte de interceder por el pueblo. A Hur y Aarón les tocó levantar las manos de Moisés, pero no en el mismo lugar, sino uno a la derecha y otro a la izquierda. Recuerda que en todo esto había una estrategia y había que cumplir con la misión de la forma en que Dios lo había enseñado. En cada movimiento de Dios, Él nos puede usar de una manera diferente.

¿Quiénes vencen a Amalec?

LOS HOMBRES CONFORME AL CORAZÓN DE DIOS. David fue un hombre conforme al corazón de Dios, por eso cuando el amalecita le vino a dar la noticia de que había matado al rey Saúl, no sintió gozo, ya que los amalecitas eran pueblo enemigo de los hijos de Dios. El rey David no pudo sentir alegría por tal suceso. No debemos nunca aceptar ni sentir placer cuando la obra satánica está haciendo daño a algún hermano en la fe, no importando la condición en que esa persona esté.

Los únicos que pueden destruir a Amalec son las personas que tienen el corazón conforme al de Dios. Amalec es un espíritu con poder delegado para destruir y confundir. Entonces no podemos destruir a nuestro Amalec interior y exterior si no tenemos un corazón conforme al del Señor. Lo primero que tenemos que entregar por completo es nuestro corazón con sus actitudes a Dios. La Biblia dice que de la abundancia del corazón habla la boca, y el mal del hombre no está en lo que come, sino en lo que sale de su boca. Es lo que hay en su corazón.

A Saúl no solo le costó su trono y su vida, sino la vida de sus hijos. Si no tomas autoridad legal contra lo que Dios ha declarado guerra, te derrotarán. Tú no te puedes poner en actitud de alianza y de acuerdo con lo que Dios no quiere, pues te conviertes en su enemigo.

Alaba a Dios en medio de la presión y la prueba

La tribu de Judá es tipo de adoración y alabanza, y la de Simeón significa, como su nombre lo indica, «oyendo o estar escuchando», lo que equivale a la unción de intercesión para desarrollar un nivel profundo de guerra espiritual. Lo que nos está queriendo decir es que para entrar a hacerle la guerra a Amalec, tienes que tener un nivel profundo de adoración, alabanza e intercesión. Para derrotar ese espíritu, tienes que llenarte de alabanza, de adoración, de gratitud, y pase lo que pase, debes decir lo mismo que el profeta Habacuc: *«Aunque la higuera no florezca, ni en las vides haya frutos, aunque falte el producto del olivo, y los labrados no den mantenimiento, y las ovejas sean quitadas de la majada, y no haya vacas en los corrales; con todo, yo me alegraré en Jehová, y me gozaré en el Dios de mi salvación»* (Habacuc 3:17-18).

Esto es decisivo en el plan de victoria en contra de Amalec. Este espíritu va a intentar llevar tu vida a la queja y la murmuración, al lamento, la crítica y todo aquello que es negativo. Invierte el factor, utiliza la alabanza como un agente decisivo para enfrentar a Amalec. Ten en cuenta que el diablo te va a decir: «No puedes adorar, la crisis económica te aprieta, las finanzas te están afectando, el dolor te oprime, tu matrimonio empeora». Aun así, dile: *«Padre, aunque ande en camino de sombra y de muerte no temeré lo que me pueda hacer el enemigo, porque tu vara me infunde aliento, aderezas mesas delante de mí en presencia de mis angustiadores, ciertamente el bien y la misericordia me seguirán todos los días de mi vida, y en la casa del Señor moraré por largos días».*

Cuando comienzas a adorar a Dios, entras al terreno de Amalec y lo echas fuera. Primero, debes adorar y alabar al Señor para después usar la intercesión de guerra. El intercesor tiene que ser un poderoso adorador, pues ambas cosas no se pueden separar.

7

CONOCE A AMALEC

... para vencerlo

Amalec representa el viejo hombre

Amalec es el pecado que nace a causa de la naturaleza caída. Pablo lo explica mejor refiriéndose al viejo hombre como «la carne». El libro de Gálatas 5:19-21 lo expresa así: «*Y manifiestas son las obras de la carne, que son [...] lascivia [...] enemistades, pleitos, celos, iras, contiendas, disensiones [...] envidias, homicidios [...] los que practican tales cosas no heredarán el reino de Dios»*. Amalec representa las obras de la carne que se conciben y se llevan a cabo en la mente y el corazón. Todos los conflictos que batallan en contra del alma radican en la naturaleza caída. Muchas de ellas son heredadas de los antepasados. Otras por los deseos pecaminosos llamados «concupiscencias» y que sale de la propia naturaleza caída del hombre, la cual se concibe en el corazón, dando a luz a través de la desobediencia a los mandamientos de Dios.

Sé libre del rencor

Santiago lo expresa de manera clara cuando escribe: «*Cada uno es tentado, cuando de su propia concupiscencia* [deseo pecaminoso] *es atraído y seducido. Entonces la concupiscencia, después que ha concebido, da a luz el pecado; y el pecado, siendo consumado* [se completa por entero], *da a luz la muerte*» (1:14-15). ¡Qué escritura tan profunda! Aquí se esconde el engendro del mal en el corazón del hombre. Cada creyente que va rumbo a conquistar su destino en Dios se enfrenta con su primer y más peligroso enemigo dentro de sí mismo, su propia naturaleza. Es aquí donde entra en el gran conflicto. Es un conflicto titánico que se levanta contra el propósito y el destino que Dios tiene para el nuevo creyente.

Romanos 7:17-18, 21 nos dice: «*De manera que ya no soy yo quien hace aquello, sino el pecado que mora en mí. Y yo sé que en mí, esto es, en mi carne, no mora el bien; porque el querer el bien está en mí, pero no el hacerlo [...] Así que, queriendo yo hacer el bien, hallo esta ley: que el mal está en mí*».

Cuando se levanta «tu propia carne» dentro de ti, lo hace para detener tu destino. Siempre tratará de arrastrarte hacia la desesperanza y el desaliento. En tus pensamientos recuerdas tus fracasos y también sientes la presión de afuera (familiares y circunstancias adversas a tu persona). A esta batalla se le nombra «la carne» o el «viejo hombre». De ahí, que en este capítulo lo estemos representando como *la traición de Amalec*.

Siempre se te levantará de adentro mismo y sus raíces provienen de la misma rebeldía y persecución de tu propia naturaleza caída para que te detengas en tu caminar con Cristo y llegues a ser un cristiano fracasado. ¿Sabes por qué haces lo que no quieres hacer? Porque Amalec fue entretejido dentro de cada persona. Tu carne nunca se librará de él, pero sí lo puedes tener cada día derrotado debajo de tus pies. Las malas compañías te pueden confundir y arrastrar al pecado. Aunque te creas «maduro» y te pienses que nadie te puede enseñar, tu carne te sigue persiguiendo día y noche dentro de ti mismo.

¿Sabes por qué a veces te sientes derrotado frente a la tentación?

La respuesta se encuentra en el texto del libro de Deuteronomio 25:17-19: «*Acuérdate de lo que hizo Amalec contigo en el camino, cuando salías de Egipto; de cómo te salió al encuentro en el camino, y te desbarató la retaguardia de todos los débiles que iban detrás de ti, cuando tú estabas cansado y trabajado; y no tuvo ningún temor de Dios. Por tanto, cuando Jehová tu Dios te dé descanso de todos tus enemigos alrededor, en la tierra que Jehová tu Dios te da por heredad para que la poseas, borrarás la memoria de Amalec de debajo del cielo; no lo olvides*».

Amalec siempre llega por la retaguardia y ataca por detrás (por la espalda), opera como un espíritu de venganza. Algunas veces te sientes oprimido en la espalda, sientes dolor, sientes carga, cansancio, como si tuvieras un peso de mil kilos. Recuerda esto: Amalec te está atacando por la espalda. Él es un espíritu de venganza, pues se aprovecha de ti cuando estas débil en la fe y distraído.

A veces tú mismo te engañas porque Amalec está ahí cuando haces una mirada prohibida o miras lo que te afecta espiritualmente y te liga el alma. A veces, a través de un comentario que no debías haber hecho. Siempre en las cosas más insignificantes del diario vivir, en un enojo, en una mala actitud, ahí sale otra vez tu «viejo hombre». Según el pasaje en el libro de Deuteronomio, Amalec se convertirá en un espíritu de traición contra ti mismo si empiezas alimentar a tus emociones. Si estás cansado espiritualmente, Jesús te dice: «Ven a mí y yo te haré descansar» (véase Mateo 11:28). También la Palabra dice: *«Diga el débil: Fuerte soy»* (Joel 3:10). Si cedes, tomará control de ti. No lo hagas porque puedes caer vencido. Por eso Pablo lo explica claramente en Gálatas 5:16-17: *«Digo, pues: Andad en el Espíritu, y no satisfagáis los deseos de la carne. Porque el deseo de la carne es contra el Espíritu, y el del Espíritu es contra la carne; y éstos se oponen entre sí, para que no hagáis lo que quisiereis».*

EL ESPÍRITU DE DIOS ESTARÁ EN CONTIENDA CONTRA EL ESPÍRITU DE LA CARNE DE GENERACIÓN EN GENERACIÓN.

Jehová-nisi es tu bandera

Cuando Josué terminó la batalla contra Amalec, fue el momento más culminante de la batalla, pues esta se realizó con la «espada de YHVH». No debes olvidar que el Espíritu de Dios está en la Palabra, la espada poderosa que vence a Amalec y a sus seguidores. Moisés edificó un altar bajo el nombre de *Jehová-nisi*, en recuerdo de esta victoria, pero a la vez declaró que se levantaba desde este día una guerra perpetua contra Amalec, afirmando: *«Por cuanto la mano de Amalec se levantó contra el trono de Jehová, Jehová tendrá guerra con Amalec de generación en generación»* (Éxodo 17:16).

Cuando te atacan los pensamientos de maldad

¿Sabes contra quién lo hacen? Aunque lo hagan de manera indirecta, lo hacen en contra del cuerpo de Cristo que es la Iglesia. Por eso, Dios mismo peleará por ti. Cuando estés en guerra contra Amalec, ¡véncelo en tus pensamientos! Cuando te sientas en el desierto y la soledad y creas que estas solo, ¡acábalo! Amalec ataca a todo lo que es de Dios. Si tú eres un tesoro escogido, no te salgas de su protección. Escóndete en su presencia, pues ese es el único lugar donde estarás seguro. *Cuanta más presión tengas en tu vida, más cerca debes estar de Dios.* Quizá digas: «Yo no siento nada». No importa, ahí está Él. (Aunque no lo veas ni lo sientas, por fe está para ayudarte). Cada vez que ganes una batalla contra tu propia carne, el Señor está levantando la bandera de

Jehová-nisi sobre tu vida. La Palabra dice: «*Vendrá el enemigo como río, mas el Espíritu de Jehová levantará bandera contra él*» (Isaías 59:19). Recuerda que su bandera es la señal que Él pone en el mundo espiritual sobre tu vida de que eres un vencedor. Te da poder y autoridad. Aunque tu economía sea atacada, *Jehová-nisi* levantará bandera de victoria. Aunque trate de desanimarte, de confundirte, de detenerte, de robarte lo que Dios te ha dado, descansa bajo su sombra que es su bandera.

Cuando se vence a Amalec, se levanta la bandera Jehová-nisi

Una bandera representa un Reino, una nación y un gobierno, y es una manera de identificarla.

Cuando dominas tu Amalec (tus propios pensamientos contrarios), Dios pone su propia bandera. Amalec es un espíritu sutil que se disfraza para apartarte del propósito de Dios. Te quiere desenfocar de los diseños del Dios Altísimo. Por eso, muchas veces cuando en la iglesia se forman guerras internas, conflictos y crisis, es porque Amalec está trabajando detrás del telón. Es un espíritu de insubordinación, no respeta la autoridad delegada, ni la impuesta por Dios. Siempre trata de crear su propia autoridad. Es un espíritu sutil que se disfraza y manipula. Es un espíritu de ablandamiento también. Te quita pasión por la presencia del Señor, el fuego se apaga, te hace blando y tibio. Hay gente que llora por una persona, pero jamás por la presencia de Dios.

Sin embargo, recuerda algo: Si *Jehová-nisi* planta bandera y pone su estandarte, no hay Amalec que te pueda derribar ni ponerte la mano encima. Tendrás poder sobre tu economía y tu matrimonio. No te darás por vencido y te levantarás como un soldado fuerte para destruir cualquier fortaleza que se oponga contra ti.

Cómo se vence la carne

Solo la muerte de Cristo en la cruz venció al enemigo más feroz que es el viejo hombre. TÚ y YO tenemos que ir a la «cruz» para morir una y otra vez a fin de resucitar con Cristo. Jesucristo, el último Adán, lo venció para toda la humanidad, solo los que creen en esto lo aplican para sí.

Por eso nuestra victoria hacia Amalec consiste en depender de Cristo y de su gracia redentora. Nadie puede ser libre si primeramente no va al Calvario, toma la cruz y sigue a su maestro.

Cuando ores, hazlo así: «*Espíritu de venganza, te ato y te reprendo y no te permito que te manifiestes*, pues sé cómo te llamas. Amalec, ahora mismo, en el nombre de Jesucristo, te prohíbo que te levantes contra mi vida, contra mi hogar, contra mi familia, contra mis finanzas. No podrás detenerme, pues estoy decidido a alcanzar todos los planes y propósitos que Dios tiene asignado para mí, al ser más que vencedor en su nombre poderoso y eterno».

8

EL RESURGIMIENTO DE AGAG

... a través de las generaciones

Agag, rey de los amalecitas

Agag fue contemporáneo del rey Saúl. Era el rey de los amalecitas, los cuales habitaban al sur de Israel. El nombre «Agag» significa: «*Yo voy a sobresalir*». Aunque era príncipe y cabeza de los agagueos, su sangre seguía siendo amalecita. Todavía quedaba pendiente una profecía hecha muchos años atrás, pues Dios no se olvida de lo que dice. Desde la batalla en Refidim, dirigida por Moisés y Josué, Dios habló acerca de la destrucción total de los enemigos perseguidores del pueblo de Dios. El primer rey de Israel acabaría con Amalec. La profecía exactamente se cumpliría en Saúl. A este le pertenecía la orden dada por Dios de ejecutar venganza sobre los enemigos acérrimos de Israel.

Reflexiona, si Dios te ha mandado hacer algo, es mejor que lo hagas rápido. *El enemigo tratará de todas las maneras posibles de quitarte del propósito original por el cual Dios te escogió para hacer lo primordial.*

EL TIEMPO A VECES ES TAN EXACTO, QUE SI PIERDES EL MOMENTO, PIERDES LA OPORTUNIDAD

Eso describe lo importante que es el estar apercibido en las cosas naturales y percibir las espirituales.

Agag representaba «el odio encarnado contra los propósitos divinos», la persistencia del rencor a través de las generaciones.

En esa época, Agag representaba a los amalecitas y el profeta Samuel representaba la pureza de la presencia y la regla de Dios. Aquí vemos la contraposición que hay entre las tinieblas y la luz, el odio opuesto al amor, la desobediencia contra la justicia justa y verdadera.

Samuel corona a Saúl por orden, no de Dios, sino por petición del pueblo. Aun así, le recuerda a Saúl la profecía que se debía cumplir en el primer rey de Israel: *«Ve, pues, y hiere a Amalec, y destruye todo lo que tiene, y no te apiades de él; mata a hombres, mujeres, niños, y aun los de pecho, vacas, ovejas, camellos y asnos»* (1 Samuel 15:3). Sin embargo, Saúl no cumplió la orden de Dios al pie de la letra. Dejó con vida a Agag, a su esposa, a los animales engordados y

El resurgimiento de Agag

algunas de sus pertenencias. Por lo tanto, el profeta Samuel se presentó delante de él reprendiéndolo por su mala acción y, entre otras cosas, le dijo que era pequeño delante de sus ojos (pues era de la tribu de Benjamín, una de las más insignificantes), y ahora *YHVH* lo había ungido como rey sobre Israel.

Dios tenía un propósito en escoger a Saúl de una de las tribus pequeñas. Lo podía haber escogido de la tribu de Judá, ¿verdad? Sin embargo, Dios no lo quiso hacer así. Quizá lo hiciera para que en un futuro este rey no fuera arrogante, ni se enalteciera en su corazón.

Samuel le recuerda: «*Aunque eras pequeño en tus propios ojos, ¿no has sido hecho jefe de las tribus de Israel, y Jehová te ha ungido por rey sobre Israel?*» (1 Samuel 15:17). Entonces, ¿para qué lo ungieron como rey? Para que no inventara nuevas órdenes que no se le dijeron por boca de Dios ni del profeta.
«*¿Por qué, pues, no has oído la voz de Jehová, sino que vuelto al botín has hecho lo malo a los ojos de Jehová?*» (1 Samuel 15:19)

El pecado de Saúl fue que se consideró demasiado astuto y sabio como para contradecir la orden del profeta. Saúl pensaba diferente a la mente de Dios. Creía que esos animales eran habilitados para ser sacrificados en el altar del templo. Simplemente pensó como humano y no siguió las reglas. Los vio preferiblemente aptos para conservarlos con vida en lugar de matarlos. Toda idea, por muy buena que parezca, si no está alineada con Dios, solo sigue siendo una idea.

LAS IDEOLOGÍAS SE HAN TRANSMITIDO PARA CONTRADECIR LOS PRINCIPIOS DIVINOS.

Analiza tus ideas, pues no siempre se alinean con el cielo

Dios le dio una orden y le dijo: *«Así dice el Señor de los ejércitos: "Yo castigaré a Amalec por lo que hizo a Israel, cuando se puso contra él en el camino mientras subía de Egipto [a la tierra prometida]»* (1 Samuel 15:2, *La Biblia de las Américas*). Dios no se había olvidado de eso y le da la orden a Saúl y le dice:

> *«Ve, pues, y hiere a Amalec, y destruye todo lo que tiene, y no te apiades de él; mata a hombres, mujeres, niños, y aun los de pecho, vacas, ovejas, camellos y asnos».*
> (1 Samuel 15:3)

¿Te das cuenta? La orden era: «Todo lo que provenga de Amalec hay que destruirlo». Saúl peleó contra Amalec y su gente, pero por darle tregua terminó siendo muerto por un amalecita. No obedeció ni se alineó con la profecía, así que perdió la oportunidad de ser parte del plan divino.

El resurgimiento de Agag

Muchos viven bajo la presión de sus propias opiniones y tienen un concepto errado de Dios. Una ideología nacida de la mente humana no es el plan de Dios para eso. Las ideologías engendradas en la imaginación humana no son la perfecta estructura de Dios.

¿Cómo entender lo que es un plan de Dios y lo que no es? Para saberlo, mejor diremos: Una mentira es el niño pequeño de Amalec, una mirada prohibida; es la niña pequeña de Amalec. Hay cosas que pueden parecer mínimas, pero que son producto y engendro de una mente equivocada como la de Saúl. Si tú dejas que «las cosas pequeñas» (que son las imaginaciones sin base estructural de lo que es Palabra de Dios) se desarrollen y crezcan en tu vida, se convertirán en un espíritu que te dominará y ya no lo podrás someter, sino que se te escapará de las manos.

Si tú no le declaras la guerra a Amalec, él terminará evitando que llegues a la tierra de provisión y éxito. Tienes que vencerlo en el desierto. Aunque te persiga y siempre tengas lucha, él tendrá más poder sobre ti cuando estás solo en la prueba (en el desierto) que cuando hayas llegado a la tierra prometida.

Cuando no conoces los planes de Dios para tu vida, Amalec tiene toda la supremacía sobre tu destino. Sin embargo, cuando sabes quién eres en Cristo y lo que Dios piensa y dice acerca de ti, a Amalec se le termina la eficacia sobre ti.

Sé libre del rencor

Saúl tenía dos tipos de enfrentamientos, Amalec por dentro y Agag por fuera. En realidad, él no pudo vencer el que tenía afuera porque no había derrotado al que llevaba por dentro.

Si tú no puedes vencer a tu propio enemigo (el de adentro), no podrás vencer a los que te atacan fuera. Debes tener poder y autoridad para vencer la cabeza de lo que en ti está batallando, que pueden ser, por ejemplo, ira, rencor, raíz de amargura, rechazo, baja autoestima, andar chismeando, enojo, odio, conflictos, desavenencias, placeres desordenados, lujuria, adulterio, fornicación, mentira, idolatría, consultar a los brujos, etc. Si tú no puedes derrotar lo que está batallando dentro de ti, ¿cómo destruirás los ataques de afuera?

Después que Saúl perdonó la vida de Agag cometió otra necedad. Levantó un monumento en su honor. Literalmente, Saúl levantó una estatua como un gran pilar indicando que cualquiera que fuera la forma de lo levantado fue superado, según la moda antigua, por la figura de una mano, el símbolo del poder y la energía humana. El levantamiento de este trofeo vanaglorioso fue un acto adicional de su desobediencia, su orgullo había subyugado su sentido del deber al levantar este monumento a su propio honor.

Esto representaba un emblema a su poder humano, de esto no tenemos duda. Era la exaltación a su propio poder, el capricho de hacer y deshacer y tomar sus propias decisiones, no tomando en cuenta a Dios.

ES COMO POSEER YA POR FIN UNA LIBERTAD FALSA QUE INTENTA DARTE EL DERECHO DE TOMAR TU PROPIA DECISIÓN.

A la noche de ese día memorable para el «orgullo» de Saúl, Dios se revela a Samuel y le dice: *«Me pesa haber puesto por rey a Saúl, porque se ha vuelto de en pos de mí, y no ha cumplido mis palabras [...] Porque como pecado de adivinación es la rebelión, y como ídolos e idolatría la obstinación. Por cuanto tú desechaste la palabra de Jehová, él también te ha desechado para que no seas rey* (1 Samuel 15:11, 23).

«Me pesa», lo cual dijo Dios, es igual a decir: «Me arrepiento por Saúl», y desde ese entonces *YHVH* se aparto de él.

LA DESOBEDIENCIA Y LA EXALTACIÓN A SÍ MISMO ES UN PECADO QUE SE INICIÓ EN SATANÁS. ESTE ORGULLO INTERIOR ENTRETEJIDO EN LO OCULTO SEPARA LA TRANSPARENTE COMUNICACIÓN CON DIOS.

El espíritu de Saúl, al igual que el espíritu del «rencor escondido», no atiende las ordenanzas hechas por Dios y se resiste a obedecer la palabra establecida. El sentirse más importante que Dios y no depender de su Palabra, se asemeja a no necesitarlo; eso hace que su Espíritu que mora en nosotros se entristezca y se apague.

¿Cómo vences a tus agagueos?

La unción profética sobre Samuel era visible, le daba autoridad y rectitud. Saúl representa el hombre natural apurado y ansioso que no sabe esperar y obedecer la voluntad de Dios. Saúl estaba acostumbrado a oír a Dios a través de Samuel. Samuel era como su mentor, pero llega un momento en la vida espiritual de las personas que deben de madurar como el hijo que toma responsabilidades y sale de la casa del padre para casarse.

Saúl insistía en desobedecer y tomar las decisiones apresuradas sin consultar con Dios. Creía que su «llamado» le daba la absoluta autoridad para actuar por sí mismo. No se debe olvidar que la autoridad que ofrece el lugar que ocupa debe siempre ir acompañando de sujeción a otra autoridad. Sin sujeción, se ejerce un mando sin respaldo. Dios trabaja en equipo. Saúl tenía que trabajar unido con el profeta. ¡Cuántos cristianos hoy en día están acostumbrados a tomar decisiones! No todas las decisiones se toman en Dios, no se dedica el tiempo necesario para asesorarse a fin de que la decisión sea la apropiada.

Agag representa el odio, y solo eliminándolo y sustituyéndolo por el amor se logrará cambiar esta generación. Solo la unción profética con autoridad, como la de Samuel, lo puede desarraigar. Si hay en tu generación división familiar, divorcios, rencor entre hermanos y enemistades, como suegras contra nueras, padres contra hijos, es una cuerda de tres dobleces que se debe romper.

SI NO LOGRAMOS EN NUESTRA GENERACIÓN CORTAR LOS ESPÍRITUS GENERACIONALES QUE HAN PASADO POR NUESTROS ANTEPASADOS, ESTOS TOMARÁN FUERZA EN LA PRÓXIMA DESCENDENCIA.

Dios está levantando una generación profética para decretar juicio contra Amalec y Agag, que es el espíritu designado contra esta generación.

* Jamieson-Fausset-Brown Bible Comentary,

9

EL PODER DEL ANILLO DE SELLAR

... te da autoridad para cambiar la ley

La semilla de maldición de Agag quedó viva dentro del vientre de su mujer. Ella pudo huir llevándola a tierras lejanas. Era la simiente de Amalec que crecía oculta una vez más y continuaba viva pasando de generación en generación. En el vasto Imperio Persa se levanta Amán, un descendiente directo de Agag y, por consiguiente, un amalecita. Esta dio a luz y de su descendencia nació un varón. Su nombre fue Amán [en hebreo, *Hâmân*], que significa «magnífico [grandioso]». Era hijo de Hamedata (nombre persa), un agagueo (esto lo encontramos escrito en Ester 3:1, 10; 8:3, 5; 9:24) y alto oficial en la corte del rey Asuero, llamado también Jerjes. El historiador Josefo afirma en uno de sus escritos que era pariente de la casa real amalecita. Esta relación explicaría el profundo odio de Amán hacia los judíos y su deseo de destruirlos. No solo a su enemigo personal, Mardoqueo, sino a la nación entera que había sido archienemiga del pueblo de sus antepasados.

Como favorito del rey Jerjes, Amán estaba muy molesto y frustrado porque Mardoqueo rehusaba rendirle los honores que él sentía que le correspondían. Por tanto, hizo planes para destruir a todos los judíos. Para ello tenía que llegar a una posición más alta y tener el favor del rey.

La imagen idólatra

Amán se hizo bordar una imagen en sus vestiduras que no solo lo identificaba con sus antepasados, los amalecitas, sino con su ideal. Por mucho tiempo había estado maquinado en su corazón un macabro plan y ya se estaba acercando la oportunidad para llevarlo a cabo. Todos aquellos que se postraban ante él, reverenciándolo de manera inconsciente, lo estaban haciendo también ante su imagen. Este dibujo representaba indiscutiblemente su rango y el aumento del poder generacional. El enemigo del género humano ha obrado así por siglos. Siempre se ha identificado con signos ocultos, así como símbolos y señas, usando saludos, gestos y distintas posiciones de la mano. Esto solo lo identifican los que han entrado a través del acto de la iniciación a hermandades o a confraternidades secretas.

El poder de la ambición contra la soberbia

En el corazón de Amán el agagueo había un odio generacional hacia el pueblo de Dios. Ahora vemos claramente cómo este espíritu de odio se movía por los genes de generación a generación. Al estar en una posición de autoridad (dada por el mismo rey persa), se comienza a manifestar su rencor. Amán fue levantado como príncipe, el cual tenía acceso para ver el rostro del rey. Es decir, estar con el rey en su mismo palacio. Esa posición le dio el privilegio de ser uno de los siete príncipes más importantes de Persia en el reinado de Asuero.

AMÁN ES UN EJEMPLO DEL HOMBRE QUE HARÁ LO INDECIBLE POR LLEGAR A LAS ALTAS ESFERAS SOCIALES QUE LO LLEVEN AL PODER Y A TODO LO QUE GENERE DINERO.

Los dos planes secretos

Recuerda que el primer pecado en el universo fue el del orgullo por el ángel Lucifer que quiso ser dios, codició el poder y se adoró a sí mismo.

Amán tenía dos grandes planes. El primero era el exterminio de todos los judíos del imperio, y el segundo era que toda persona se debía inclinar cuando él pasare por la ciudad. No contento con eso, quería que cuando pasara montado en su caballo, todos le hicieran una reverencia. El orgullo se entrelazó al poder y a la soberbia.

Dios resiste la arrogancia y la promoción personal: *«Dios resiste a los soberbios, y da gracia al humilde»* (Santiago 4:6).

Sé libre del rencor

Mardoqueo, fiel conocedor de la ley de Moisés, se niega a inclinarse ante Amán, a pesar de ser una ley sellada por el mismo anillo del rey Asuero.

El espíritu de odio siempre querrá humillar a los demás. Cada vez que haces lo bueno delante de Dios y sientes que en tu mente te están acosando pensamientos de acusación, entiende que hay un espíritu agagueo que te está persiguiendo.

Este es la encarnación de Amán que odia la generación de Dios. No importa si es un familiar, una madre o un padre que te ha maldecido y acusado siempre, no es la persona en sí, sino un espíritu que esta persiguiéndote. Como se especificó al inicio de este libro, la presión del odio racial está sobre el mundo. El odio hacia las razas étnicas se arraiga cada vez más. La inseguridad en las calles y en los gobiernos del mundo hace sentir a las personas que están sin protección. Muchos son los que viven desanimados hoy en día, sintiendo soledad y desorientación.

Hoy más que nunca necesitamos afirmar nuestra fe, pues los vientos salen contrarios a la confianza y a la estabilidad emocional. Los días de Amán se están acercando. Amán representa la autoridad que es usurpada dentro de los gobiernos y hace que las mentes de los que dirigen sean manipuladas en sus decisiones debido a la presión de este espíritu controlador. ¡Si al menos tuviéramos personas firmes como Mardoqueo, cambiaríamos el rumbo de las leyes! Mardoqueo aconseja, anima y lucha por establecer la ley de Dios en una ciudad lejos de su tierra natal, donde no se aplican sus leyes y su cultura. Por lo tanto, da la gloria siempre a tu Salvador y el cielo mismo te amparará.

En un mundo donde las leyes son contrarias a Dios, los cristianos hoy más que nunca batallan con ideologías indebidas a las que enseña Dios en su Palabra.

La conspiración de Amán

Amán, enemigo de todos los judíos, había ideado contra ellos un plan de destrucción masiva. Para esto, contaba con el sello del rey que le daba la autoridad que requería la orden. El sello le asignaba una garantía para poder echar adelante su plan (véase Ester 3:8-13). El decreto era una orden muy importante. Si lo traemos al presente, es como revocar una ley a través de una enmienda. Este trámite toma su tiempo. En el Imperio Persa, nadie podía oponerse al decreto sellado por el rey. El versículo 3:10 dice que *«el rey quito el anillo de su mano, y lo dio a Amán»*.

Amán confió en la suerte echada en el primer día del año nuevo. La palabra *pur* significa: «suerte» (conforme a la religión de Babilonia en ese tiempo, las personas creían que los dioses se unían en el primer día del año nuevo para establecer el destino o la suerte del hombre). No debemos olvidar que Dios está por encima de todo decreto humano. En Proverbios 16:33 dice que la decisión final de lo que le sucede al hombre está en las manos de Dios: «*La suerte se echa en el regazo; mas de Jehová es la decisión de ella*».

> **No es la suerte la que controla el destino de las vidas del hombre, sino la soberanía de Dios.**

Hoy por hoy las leyes del mundo acosan las mentes de los cristianos y muchos creen que agradan a Dios al cumplirlas. Este ejemplo vivo nos muestra que la ley de Dios siempre está para cumplirse por encima de la ley del hombre. Si bien Dios les ha dado poder a los gobernadores y toda autoridad es puesta por Él, la Palabra de Dios también dice que el Señor honra a quienes le honran.

Los judíos estaban dispersados en muchas de las ciudades del gran imperio. El reinado de Persia abarcó parte del mundo civilizado desde el año 553 a. C. hasta el 331 a. C. A pesar de estar esparcidos, no se relacionaban ni con las costumbres, ni con su cultura y mucho menos podían oponerse a los decretos del rey. Mardoqueo y Ester sí habían asimilado la cultura persa y se integraron a la sociedad. Mardoqueo era uno de los escribas del palacio del rey. *Hoy, los extranjeros deben de integrarse a la sociedad donde viven sin comprometer sus principios cristianos.*

El decreto establecido bajo el PODER DEL SELLO

El sello real en la época del Imperio Persa cerraba las cartas y otros escritos con una sustancia resinosa llamada lacre. Las personas públicas grababan en ese lacre cuando todavía estaba blando una señal personal. De ahí que el sello recuerde algo lacrado o cerrado, o que tiene la marca de alguien muy importante a quien pertenece. *Podemos entender, entonces, cuán poderoso es el poder del sello y cuan altamente peligroso si cae en malas manos.* Amán conocía acerca del poder de poseer el sello del rey. Una vez que tuviera acceso a él, tendría la facilidad de usar la autoridad para decretar las leyes que por mucho tiempo había planeado con gran esmero cruel y ambicioso.

Esos decretos estaban convenidos en su favor, aunque estuvieran en contra de la ley de Dios. Su plan lo llevaría a escalar a un estatus más alto en autoridad. La Biblia dice en Ester 3:10: *«Entonces el rey quitó el anillo de su mano, y lo dio a Amán hijo de Hamedata agagueo, enemigo de los judíos».*

Amán representaba en lo espiritual la descendencia del espíritu de odio. Este llegó a la alta posición donde desde ahí podía ejercer poder para establecer una ley que exterminara una raza completa. Una vez que consigue «por la vía legal» el poder de establecer su maligno plan, decreta la sentencia de muerte para todo judío que viviera dentro de los límites de la

Sé libre del rencor

extensión territorial del Imperio Medo-Persa: «*Y fueron enviadas cartas por medio de los correos a todas las provincias del rey, con la orden de destruir, matar y exterminar a todos los judíos, jóvenes y ancianos, niños y mujeres, en un mismo día [...] y de apoderarse de sus bienes*» (Ester 3:13).

¿Cuántas veces el poder está en manos indebidas? ¿Cuántas veces no están sentados dictando leyes los corruptos? ¿Cuántos jueces están condenando a inocentes? A veces, la autoridad para determinar las leyes está en manos de aquellos que mantienen oprimidas sus mentes bajo prejuicios raciales. Estos se convierten en un acoso contra los inocentes.

Los sellos son para encerrar y dar la firma y la aprobación al decreto. La palabra *decreto* significa: edicto, estatuto, juicio, mandamiento, ordenanza, precepto. Solo el decreto de Amán fue totalmente resquebrajado por la intervención divina. Sin duda alguna, Dios necesita del hombre para que eso suceda y, más aun, necesita del intercesor que se presente delante de su divinidad para que anule el decreto de la maldad. Dios escuchó el deseo que Mardoqueo le envió a Ester. De inmediato, ella da la orden de que todo judío en toda la tierra que le alcance su mensaje ayune por tres días sin agua y sin alimento. Todos comenzaron ayunar sin dudarlo ni contradecir la orden; la respuesta fue inmediata. El odio de Amán no prevaleció contra el pueblo de Dios porque todos

El poder del anillo de sellar

se unieron en la acción. El decreto de muerte y odio contra el pueblo de Dios se rompió por el ayuno y la oración de un pueblo unido. ¡Hay poder en la unidad!

Mucho podríamos hablar de los decretos que establecen hombres llenos de odio y maldad; sin olvidarnos del decreto firmado por el rey Darío que firmó sentenciando a los que se atrevieran a adorar otro dios que no fuera él mismo. Daniel resistió el decreto y siguió orando a su Dios YHVH. Esa ley también fue sellada por el anillo del rey: «*Ahora, oh rey, confirma el edicto y fírmalo, para que no pueda ser revocado, conforme a la ley de Media y de Persia, la cual no puede ser abrogada. Firmó, pues, el rey Darío el edicto y la prohibición*» (Daniel 6:8-9).

El espíritu de maldad sabe que los presidentes hoy en día tienen autoridad para dictaminar leyes. El pueblo de Dios debe entender que Él ha entregado el sello de su misma autoridad a su Iglesia. Decretar los decretos divinos es hablar su Palabra. La oración unida y concreta es bien decisiva para derrocar los planes malignos.

A cualquiera que desobedeciera el edicto real, lo echarían vivo al foso donde estaban leones hambrientos: «*Y fue traída una piedra y puesta sobre la puerta del foso, la cual selló el rey con su anillo y con el anillo de sus príncipes, para que el acuerdo acerca de Daniel no se alterase*» (Daniel 6:17).

Sé libre del rencor

El rey estaba sellando la piedra del foso para dar evidencia que nadie sobrepasaría su mandato. Si bien se realizó el decreto, Dios obró de manera sobrenatural, cerrando la boca de los leones, dando testimonio de sí mismo guardando a Daniel de la muerte. Evidentemente Él es el Dios viviente que da la última palabra. Aquí se puede ver la soberanía divina que trastorna los decretos humanos.

El león es similar al espíritu de venganza que se lanza con propósitos de matar, desgarrar y destruir la vida espiritual del creyente fiel. *La unción de valentía y de confianza que estaba depositada en Dios dejó nulo a los demonios de venganza que estaban activados en los leones.*

A Jesucristo lo sentenciaron a muerte por el decreto de Roma, pero por la traición de los líderes religiosos judíos. Roma puso un sello en su tumba para que nadie la pudiera abrir. Pareciera que Daniel hubiese sido derrotado, así también en Cristo pareciera que hubiera sido vencido por la sentencia, bajo la presión de los corazones llenos de odio y venganza.

¡Dios mismo rompió el sello y resucitó a su Hijo, el Dios viviente! Los demonios no sabían que en este acto de morir y resucitar estaba anulando el acta de los decretos que se había escrito en contra nuestra (véase Colosenses 2:14).

Todo lo que se nos opone viene derivado de los decretos contrarios. Estos contrarrestan la verdad establecida por Dios. Ellos son como muros que detienen el caminar apropiado e impiden los verdaderos planes.

En el pasaje de Colosenses, la *Biblia de Jerusalén* dice: «*Canceló la nota de cargo que había contra nosotros, la de las prescripciones con sus cláusulas desfavorables, y las suprimió clavándola en la cruz*».

Hoy Dios está dando el poder para romper los sellos y los decretos establecidos por la boca de los demonios contra el pueblo de Dios.

¡SOLO DEBEMOS CONFESAR LA PALABRA EN VOZ ALTA!

Tenemos que creer que Dios está levantando profetas de rompimiento. Ellos son los que rompen el sello que está puesto sobre la piedra que parece que nadie lo pudiera sacar a través de la declaración profética. Jesucristo murió para anular el decreto del huerto del Edén que dijo: «*La paga del pecado es muerte*» (Romanos 6:23). Jesucristo tiene una marca que dice: «Yo anulé tu acto de muerte. Con mi mano herida en la cruz, clavé los decretos de odio contra ti y contra tu familia, y te hago libre».

¡Crucifícate con Cristo y el diablo no va a tener autoridad sobre el decreto de muerte!

La recuperación de la autoridad pérdida

A través de las páginas de este libro hemos estado siguiendo la historia acerca del odio. Hoy podemos comparar esta historia real con la actualidad. En estos tiempos, se promulgan leyes que comprometen la fe de los verdaderos cristianos. Sin duda, cada día se sentirá más esta presión. El propósito del espíritu de venganza contra los escogidos (que ya opera en el mundo) es tratar de menguar la confianza enteramente en Dios y en su Palabra. En segundo lugar, buscará sellar las personas con una marca para identificarlas con el nuevo sistema de pensamiento mundial. Los fieles cristianos ya tienen el sello de Dios que es la «garantía» (las arras del Espíritu) que dan testimonio al mundo espiritual de que son propiedad privada del Salvador.

La acción es la obra visible de la fe invisible

¡Si tan solo se pudiera creer, se romperían con oración los decretos impíos de hombres perversos! Este es el tiempo de la fe; es el tiempo de creer en la autoridad delegada por Dios a la Iglesia, que es el de atar y desatar, arrancar y derribar, levantar y edificar.

Hoy en día vemos cómo se levantan grandes abismos de separación entre las razas. Esto se debe a la suma de muchas cosas, tales como: el desbalance económico de la sociedad, las raíces profundas del ... y los deseos incontrolables de la venganza, ...ón del rencor en los corazones y la falta de perdón. Satanás tiene gente acondicionada en lugares clave en las ciudades y en las naciones. Hoy en día son miles los que viajan de un continente a otro, de una ciudad a otra. Eso causa desniveles culturales y desbalances en los presupuestos locales. Todo esto produce inestabilidad económica en decenas de países.

Por causa de estos desniveles de emigración se establecen leyes que oprimen a los que, por causas extremas, han tenido que emigrar de su tierra natal. Este movimiento masivo está alimentando el odio y el resentimiento racial. Por la Palabra de Dios sabemos que en los últimos días crecerá la inestabilidad y el temor acaparará la presión de los corazones y eso causará que se apague el amor de muchos.

Los casamientos son por conveniencia, así que los divorcios se intensifican cada día. Sin embargo, no dudemos ni nos desesperemos porque Dios también tiene sus instrumentos de bien en lugares adecuados y en tiempos trascendentales. Por tal razón, debes creer que Dios tiene planes específicos que desarrollar y llevar a cabo en favor de sus hijos. La fe de cada hombre y mujer de Dios debe crecer para tomar posesión del lugar y de la autoridad que les ha dado Dios.

La unción de restitución

CUANDO EL ANILLO DE DIOS TRAE AUTORIDAD Y CAE EN BUENAS MANOS, HACE QUE EL DECRETO DEL ASESINO SE VUELVA NULO.

Cuando Job oró por sus amigos y se humilló delante de Dios dejándose ver el justo, fue ahí cuando fue Job restituido y se le dio un anillo de oro, dice así:

«Y vinieron a él todos sus hermanos y todas sus hermanas, y todos los que antes le habían conocido, y comieron con él pan en su casa, y se condolieron de él, y le consolaron de todo aquel mal que Jehová había traído sobre él; y cada uno de ellos le dio una pieza de dinero y un anillo de oro».
(Job 42:11)

Pide la bendición que recibió Job después de ser probado, y recibe siete veces más de lo que se te quitó como se le devolvió a Job.

La Iglesia hoy es como José, el soñador. ¿Cuántas veces no has soñado en hacer cosas grandes de Dios para que sea vista su gloria sobre las naciones y los incrédulos crean? Debemos reclamar las palabras relevantes que están en Génesis 41:42: «Entonces Faraón quitó su anillo de su mano, y lo puso en la mano de José, y lo hizo vestir de ropas de lino finísimo, *y puso un collar de oro en su cuello»*. ¡Este es tu tiempo! ¡Este es el tiempo de la Iglesia!

Es el tiempo en que a los hijos de Dios se les devuelva el anillo de autoridad. Tienes que orar para ser posicionado en lugares clave para tomar las bendiciones del Señor prometidas para tu vida. La ropa más fina dada a José representaba la posición de autoridad que tenía. José tenía autoridad para determinar la economía sobre Egipto, eso era una posición de altura. Es de Dios que anheles las cosas grandes asignadas para ti. Para ello necesitas una mente de príncipe. El collar de oro representa el rango de gobernador.

El anillo de autoridad

«*El rey tiene el anillo y se lo da al que quiere*». No debes olvidar que el Padre celestial tiene todo dominio y se lo ha dado a su Hijo, Jesús el Cristo. A través de Él, sus hijos reciben también esa autoridad. El anillo de autoridad se coloca tanto a los que regresan como los que permanecen en la casa. En la parábola del hijo pródigo, Jesús explicó que el hijo menor gastó toda herencia que su padre le entregó. Dios quiere restaurar a sus «hijos despilfarradores» la herencia que han dispersado. Mientras no logren hacerlo, vagarán en la soledad sin padre y comiendo miseria juntamente con los espíritus inmundos (los cerdos). A pesar de todo, el Padre sigue esperando por cada hijo a que tome buenas decisiones a fin de que sea restaurado por completo. Cuando el hijo toma la decisión de regresar, lo primero que el Padre hace después de darle un abrazo es ponerle el anillo. Eso le da calidad de príncipe.

Una vez que se recibe el anillo, ningún demonio lo puede quitar. La autoridad que da el Padre solo el Padre la puede retirar. Por eso debes arreglar las cuentas primeramente con Dios. Satanás codiciará siempre los beneficios que has recibido de parte de Dios y te los quiere robar. Este es el tiempo de creer y tomar la autoridad provista por Dios. Él le ha dado a su Iglesia el derecho legal de usar su autoridad divina para derribar los decretos establecidos por hombres malintencionados y corruptos, pero son pocos los que la saben usar. Muchas veces porque no conocen esa autoridad y otras porque la perdieron al apartarse de la cobertura del Padre.

No vas a tener autoridad suficiente, si no estás bajo la cubierta del Padre.

ESTE ES EL TIEMPO DE VOLVER A LA CASA, QUE SIGNIFICA TOMAR LA POSICIÓN ORIGINAL.

Dios está llamando a sus hijos para que tomen su auténtica posición de autoridad. Lo más eficaz para el alma es reconocer que el Padre es el dador de la vestidura espiritual, así como del anillo de autoridad.

Sin embargo, es de suma importancia que estés físicamente bajo una autoridad espiritual, apostólica y profética.

(Nota: [1] *Vocabulario Bíblico Wolfgang Gruen*).

10

LA ESTIRPE HERODIANA

... la alianza con el Imperio Romano

El gran escritor Flavio Josefo (un historiador judío fariseo y descendiente de familias de sacerdotes), a través de sus relatos, nos da una clara información de los años oscuros que en Israel transcurrieron entre el lapso de la reconstrucción del templo por Zorobabel (profetizado en el libro de Zacarías) hasta el nacimiento de Cristo. Según el historiador Flavio, Herodes el Grande fue un gran líder político y militar. Si bien su linaje era idumeo (de beduinos del desierto y no de judíos), su pensamiento, educación y origen eran griegos de seguro.

Por este hecho se le puede calificar más bien como un rey extranjero que gobernó a Judea durante la opresión romana. Se orientó del lado de Roma, tanto en ideología como en carácter, pues era imperante y soberbio, ganándose la confianza de los romanos y obteniendo su apoyo para derrocar a la estirpe judía de los asmoneos, descendientes directos de los macabeos. En el año 40 a. C., consiguió de Marco Antonio el título de rey de Judea. Se destacó como un hombre cruel y despiadado quien ordenó matar a muchos integrantes de su familia, nada más

Sé libre del rencor

y nada menos por el temor de perder el poder del trono. Según los Evangelios, Herodes vivía aún cuando nació Jesús. Según los historiadores, murió cuatro años antes de Cristo (4 a. C.).

La llegada de unos magos venidos de la antigua Persia que por la señal de una estrella buscaban el nacimiento de un niño (que sería el libertador y Rey del pueblo judío), turbó el corazón de Herodes. Ante esta amenaza a su poderío, mandó matar a los niños menores de dos años para asegurarse bien que nadie le quitaría ni a él ni a sus descendientes la continuidad de su poderío. Los Evangelios cuentan la historia de cómo un ángel le avisó a José que huyera a Egipto para proteger al niño de la muerte. Pasando unos años, en Mateo 2:19-20 se narra que, estando la familia en Egipto, se le avisa por sueños que regresaran a Israel porque el que perseguía al niño había muerto.

Aunque Herodes no era descendiente directo de la genealogía de Amalec, era hijo del desierto con un alto grado de ambición y con un gran perfil de los anteriores opresores, hombres conquistadores tanto griegos como romanos. Se sentía en medio de un ambiente infalible y perdurable. No obstante, como todo ser mortal, le llegó la hora de la muerte. Así lo expresa escribiendo la historia Flavio Josefo, acerca de «El rey Herodes el Grande»:

> La enfermedad de Herodes se agravaba día a día, castigándole Dios por los crímenes que había cometido. Una especie de fuego lo iba consumiendo lentamente, el cual no solo se manifestaba por su ardor al tacto,

sino que le dolía en el interior. Sentía un vehemente deseo de tomar alimento, el cual era imposible concederle; agréguese la ulceración de los intestinos y especialmente un cólico que le ocasionaba terribles dolores; también en los pies estaba afectado por una inflamación con un tumor transparente y sufría un mal análogo en el abdomen; además, una gangrena en las partes genitales que engendraba gusanos. Cuando estaba de pie se hacía desagradable por su respiración fétida. Finalmente, en todos sus miembros experimentaba convulsiones espasmódicas de una violencia insoportable. Decían los que se entregaban al estudio de las ciencias divinas y los aficionados a vaticinios que todo esto era el castigo que Dios le imponía por sus muchas impiedades. Sin embargo, a pesar de su gravedad y de los dolores que parecía imposible que nadie pudiera soportarlos, esperaba curarse y llamaba a los médicos [ ] murió al quinto día de haber hecho matar a Antipáter (su hijo). Su reinado duró [ ] después de haber sido creado rey por los romanos treinta y siete años. Fue un hombre inhumano con todos y de iras desenfrenadas; menospreció el derecho y lo justo.

LA SILUETA DE HERODES EL GRANDE, JUNTO A TODA SU ESTIRPE, SE ASIMILA AL FUTURO ANTICRISTO. TODOS ESTOS ASCENDIENTES SE PERFILAN EN SER ASESINOS Y AMBICIOSOS POR EL PODER, PERO SOBRE TODO PERSEGUIDORES DE LOS SANTOS PROFETAS Y DE LOS APÓSTOLES DE JESUCRISTO.

Herodes tuvo muchos hijos de sus diez esposas, pero mandó a ejecutar a tres de ellos. En sus grandes momentos de dolor designó al sucesor del trono a uno de sus hijos llamado Arquelao. Después de su muerte, el emperador Tiberio Cesar repartió el reino entre tres de sus hijos. El escritor del Evangelio de Lucas compara lo mismo al escribir en el capítulo 3, versos 1-2, diciendo así:

> «En el año decimoquinto del imperio de Tiberio César, siendo gobernador de Judea Poncio Pilato, y Herodes tetrarca de Galilea, y su hermano Felipe tetrarca de Iturea y de la provincia de Traconite, y Lisanias tetrarca de Abilinia [...] vino palabra de Dios a Juan en el desierto».

La palabra *tetrarca* significa «la acción de gobernar». Como dijimos antes, los tres hijos de Herodes gobernaban en tres regiones diferentes, que se asignaron directamente desde Roma. Por lo tanto, leemos en Mateo 2:22 que José oyó que en Judea reinaba Arquelao, en lugar de Herodes su padre, y tuvo temor de ir allá. Por esa razón, decide irse a vivir a la región de Galilea, de manera específica a una ciudad que se llamaba Nazaret.

El linaje de Herodes

Herodes Arquelao era muy inseguro y estaba conviviendo con la mujer de su hermano Felipe. Herodías era presuntuosa y astuta, un reflejo de Jezabel. Más adelante, es enfrentado por la palabra del profeta Juan el Bautista. Queriendo acallar su conciencia envió a prisión al profeta. En venganza, Herodías le pide a su hija que en el cumpleaños de Herodes le pida la cabeza del profeta.

Este hecho era muy común en el Imperio Romano. Por lo general, se veía traición, mentira, homicidio y asesinato. Todo esto se consideraba como parte de la sociedad y era visto como algo normal por la población en general. La traición y la venganza eran latentes y siempre estaban presentes.

«La estirpe herodiana» es símbolo de los imperios que gobernarán antes de la segunda venida de Cristo. Los asesinatos y las traiciones eran el factor común entre los que postulaban el poder. Hoy en día, la traición, los secuestros y los asesinatos se han triplicado en millones de personas. Es más, el odio actual se expande en gran medida a través de todos los continentes del mundo.

Los herodianos en la época de Cristo eran una secta religiosa que se oponía a Cristo y siempre trataba de buscarle faltas. El evangelista Marcos escribe: «*Y le enviaron algunos [...] de los herodianos, para que le sorprendiesen en alguna palabra*» (12:13). Jesús los conocía y muchas veces les dijo lo que eran en realidad (véanse Mateo 22:15-18; Marcos 3:5-7). Hoy, continuamente, el verdadero cristiano recibe ataques no solo en sus trabajos, sino por aquellos que están pendientes de sus faltas, tanto de los familiares, amigos, como desconocidos.

Sé libre del rencor

Herodes representa el odio que Amán tenía hacia el pueblo de Dios, el aborrecimiento de Esaú contra su hermano, la rebelión de Coré contra la ley de Dios, el odio del Islam contra la nación de Israel y contra los fieles cristianos radicales.

Herodes fue perseguidor de los apóstoles. Lucas escribe en Hechos de los Apóstoles que «*mató a espada a Jacobo, hermano de Juan. Al ver que esto agradaba a los judíos, procedió a prender también a Pedro*» (Hechos 12:2-3).

Si analizamos el espíritu con que se movía Herodes, vemos que hoy en día está operando este mismo espíritu. *Herodes representa todo aquel que persigue al niño y no ve la estrella, pero indaga acerca de ella; es decir, no tiene revelación profética, pero averigua el futuro.* La estrella representa el destino divino de cada escogido por Dios que lo lleva al éxito, el lugar preparado y escogido por el Creador. Cuando Herodes es visitado por los magos que llegan del oriente preguntando por el Niño Rey que ha de nacer, de inmediato pide que le averigüen en qué ciudad nacería el Rey prometido. A los magos les pregunta con astucia y en secreto: «¿Cuándo apareció la estrella de Jesús?» (véase Mateo 2:7). Por supuesto, Herodes no tiene interés en adorar y reconocer al Niño como Rey, sino que quiere eliminarlo. No se interesa por las profecías, más bien quiere defender su posición de dictador. Jamás permitiría en sus fuerzas naturales cederle el puesto al Verdadero Rey. En realidad, solo quiere que lo veneren a él mismo. Herodes es semejante a todos los que se oponen a Cristo: averiguan las cosas, pero no porque están interesados en la verdad, sino más bien que planean destruirlo de manera oculta.

NO TODO LO QUE DIOS TE MUESTRA ES PARA QUE SE LO DIGAS A LOS QUE NO TIENEN TU MISMA VISIÓN. MUCHAS VECES DIOS TE VA A MOSTRAR COSAS PARA QUE ORES POR LO QUE ÉL QUIERE HACER.

En cuanto una estrella anuncia el nacimiento de un profeta, Herodes y su reino se ponen en alerta. ¿Por qué? Para enjaularlo, para atraparlo y hacer que nunca llegue al destino prefijado por Dios. Su meta es que se pierda y que siga vagando sin rumbo para nunca llegar. ¿Cuántos están así hoy en día, perdidos en extrañas doctrinas y errores sin llegar a ser verdaderamente útiles en las manos de Dios?

Herodes es uno que cambia el destino y un destructor

Las víctimas de Herodes se convierten en estrellas errantes, sin rumbo, sin destino divino y sin proyecto. Nunca llegan a la meta (véase Judas 13).

La Biblia dice que *«hay eunucos que son hechos eunucos por los hombres»* (Mateo 19:12), castrados y estériles espiritualmente.

Herodes es un espíritu conectado a la envidia y al odio y no quiere que nadie posea la bendición de Dios. A veces lo logra. ¿Cómo? Mandando personas o agentes para destruir a los jóvenes (haciéndoles caer en pecado, drogas, vicios, pornografía) y a los matrimonios con adulterio para que se separen. A las iglesias locales les manda a Salomé, Herodías, Dalila, Jezabel o Atalía para lograr sus planes diabólicos a fin de cortarles la cabeza a los verdaderos profetas. A los buenos negociantes, los engaña para que hagan malas alianzas con socios corruptos y así terminar en quiebra para no llevar a cabo los proyectos divinos.

Muchos ministerios y negocios de cristianos están siendo atacados por estas actitudes de aquellos que están llenos de envidia. Estos se filtran en los lugares clave (como espías demoníacos).

¿Cómo se logra descubrir el espíritu de «los herodianos»? Cuando constantemente dedicas tu vida, tus finanzas y tu ministerio en las manos del Dios Todopoderoso.

¿Cuál era la intención de la estirpe herodiana?

Matar al verdadero Rey. Hoy lo podemos comparar con el deseo vengativo de denigrar al hombre de Dios. Este es el espíritu que procura apagar y menguar los grandes proyectos y las visiones de Dios en los verdaderos fieles. Este trata de amputar los propósitos antes que sean declarados.

Las alianzas con el Imperio Romano

La alianza que Herodes hizo con el Imperio Romano le dio más autoridad y poder, tanto a él como a sus descendientes. No debemos olvidar que el sistema mundial, o el NOM (el Nuevo Orden Mundial que se levantará contra la humanidad y los cristianos), se unirán y harán alianzas. De ahí que va a tomar la fuerza mundial. *El dragón*, la antigua serpiente o Satanás, *le entregará el poder a la bestia*, al gran sistema mundial, NOM (véase Apocalipsis 12).

Si recordamos la bestia que vio el apóstol Juan en visión, era una bestia con siete cabezas y diez cuernos. En Apocalipsis 12 habla de un sistema (la bestia) con siete cabezas (que representan siete naciones) y con diez cuernos (que son los diez presidentes o líderes predominantes que estarán vigentes como «la gran elite», o sea, las diez regiones en cómo el mundo está fraccionado en lo económico. Entre ellos habrá una alianza, aunque en Daniel se nombra la estatua de los reinos de la tierra a través de las edades, que la «alianza» que harán será falsa. La palabra *alianza* será un simulacro porque el hierro y el barro nunca pueden unirse en realidad. Y los pies de la gran estatua, que es el apoyo de los reinos de este mundo, estaban constituidos de barro y hierro:

«Así como viste el hierro mezclado con barro, se mezclarán por medio de alianzas humanas; pero no se

unirán el uno con el otro, como el hierro no se mezcla con el barro [...] de la manera que viste que del monte fue cortada una piedra, no con mano, la cual desmenuzó el hierro, el bronce, el barro, la plata y el oro. El gran Dios ha mostrado al rey lo que ha de acontecer en lo por venir; y el sueño es verdadero, y fiel su interpretación». (Daniel 2:43, 45).

El Imperio Romano, como rudeza de hierro, representa las piernas de estos reinos mundiales, pero así como los pies tienen diez dedos, del mismo modo serán lo diez «cuernos» o líderes de naciones.

¿Que representa esta bestia entonces?

La unidad de ellos es la alianza que los gobernantes de las grandes potencias tienen hoy en día.

Las características de esta bestia son similares a las que Daniel nombra en su libro (véase Daniel 7). Es decir, hay una similitud. El profeta pudo ver uno de los cuernos que tenía ojos y boca hablando «grandes cosas». Su lenguaje será contra el Altísimo y sus santos. Palabras de blasfemia y odio. Si bien la bestia (NOM) tiene siete cabezas, uno de sus cuernos es el que hablará en representación de todo el sistema mundial y de esto no dudamos que será el anticristo.

Hemos analizado cómo la forma de proceder dentro del Imperio Romano, junto con el senado y todos los súbditos aliados a este, tenían un mismo espíritu.

El espíritu de proceder y actuar que estaba en Herodes pasó a sus descendientes. Por eso y muchas más evidencias se compara con los que en un futuro cercano serán cabeza de grandes naciones. De la misma forma se confederarán con una misma mente y con la misma ideología que tendrá el líder del gran sistema mundial. El apóstol Juan en su carta escribe que este sistema ya está operando ocultamente.

¡HOY HAY UNA LLAMADA DEL TIEMPO FINAL Y ES DE BUSCAR MÁS A DIOS PARA TOMAR LA POSICIÓN DE LAS BENDICIONES PROMETIDAS PARA SU IGLESIA!

De esto y más leerás en el próximo capítulo.

11

DE SERPIENTE A DRAGÓN

...desde el inicio hasta el fin de los tiempos

De serpiente a dragón

Hemos estudiado cómo una herida no sanada en el corazón da lugar al enojo, convirtiéndose después en rencor y pasando así de generación en generación a través de las edades. Podríamos concluir, entonces, que cuando el rencor se anida en el corazón y no se saca a tiempo, podrá traer pensamientos de venganza.

LA VENGANZA NADA MÁS NI NADA MENOS ES EL PODER VER AL SUPUESTO ENEMIGO ACABADO O MUERTO.

A veces, el rencor procede de un espíritu familiar y logra influir en otros, siempre y cuando tengan ideales en común.

Hemos analizado cómo este nació de una insignificante envidia en el corazón de Caín, llevándolo al extremo de que le reconocieran como el primer homicida en la historia del género humano.

Miremos cómo fue este proceso: En el corazón de Caín creció como veneno de serpiente influyendo en el nieto de Amalec y siguió en la descendencia de los amalecitas llegando a la sangre del rey Agag. Continuó su camino hasta Persia a través de Amán y avanzó y avanzó a lo largo de la historia perpetuándose en personajes como el rey de Tiro, Nabucodonosor, Antíoco IV, Herodes el Grande, Napoleón Bonaparte, Hitler y otros más. Todos persiguieron algo en común: el objetivo de su odio ha sido ir en contra de la verdadera semilla de Dios.

La serpiente antigua en el huerto del Edén

Se conoce que en el Edén Satanás usó a la serpiente y entró en ella para hablarle a Eva, seduciéndola y engañándola. En el Apocalipsis es nombrada como *«la serpiente antigua»*, pero al final de los siglos se le llama *«el gran dragón»* (Apocalipsis 12:9).

El dragón es Satanás, la serpiente antigua, padre de la mentira, el engaño y el odio. Satanás se les apareció a los humanos para tres cosas: Matar, robar y destruir. *El rencor trae el deseo de matar y destruir.* Otras veces a Satanás se le compara con serpiente voladora, nombrada en Isaías 14:29; 27:1. El espíritu volador representa el que controla los aires y, por tanto, las mentes en las que quiere influir. Nombrado como el que opera sobre los hijos de desobediencia en Efesios 2:2, este espíritu lo venció Ester, Moisés, el profeta Samuel y hasta el mismo Cristo.

La caída del dragón

1. «*Te eché del monte de Dios*» (Ezequiel 28:16). Satanás fue expulsado del monte de Dios porque estaba lleno de «violencia», palabra que procede del hebreo *kjamás*, una raíz primitiva que significa: «injusticia, injustamente, cruel, agravio, falso, injurioso, malvado, injusto, hacer iniquidad». La palabra «expulsé» viene del hebreo *kjalál*, una raíz primitiva que significa: «profanar, deshonrar, humillar, manchar, herir y matar».

2. «*Yo veía a Satanás caer del cielo como un rayo*» (Lucas 10:18). Jesús dice que lo vio caer «como un rayo». En Isaías 14:12 se explica que debilitaba a las naciones. La palabra «debilitar» proviene del hebreo *kjaláish* que es: «derrocar, decaer, cortar, deshacer». Luego, dice: «levantaré», del hebreo *rum* que significa «enaltecer, enorgullecer, ensoberbecer, levantar, exaltar, altivez, soberbia».

3. «*Yo te arrojaré por tierra*» (Ezequiel 28:17; véase también Isaías 14:12). Satanás se enalteció, del hebreo *gabáj* que es «exaltar, orgulloso, altura, ser altanero, ensoberbecer, envanecer, soberbia». Además, se corrompió, de *shakját*, que es

«corromper, corrupción, corruptor, destruir, devastar, desperdiciar, destrozador, destruidor, heridor, matar, merodeador, estropear, hacer destrucción, ruina, dañar, daño, demoler, depravado».

4. «*Lo arrojó al abismo [...] para que no engañase más*» (Apocalipsis 20:3). «Engañar», del griego *planáo*, significa «vagar (de seguridad, verdad o virtud), engañador, engañar, errar, extraviar, descarriar, seducir, vagar».

5. «*Derribado eres hasta el Seol*» (Isaías 14:15).

6. «*Fue lanzado al lago de fuego y azufre*» (Apocalipsis 20:10).

¿Cómo se vence la guerra contra Amalec?

En primer lugar, analicemos cómo se venció a Amalec. En realidad, se logró *por la unidad y el trabajo en equipo*. Como vemos, ¡la unidad es un arma muy poderosa! A veces se pierden batallas porque las mentes están divididas. Por lo tanto, los equipos de trabajo deben unirse para tener un frente en común. El ponerse de acuerdo es una de las estrategias que vence todo aquello que se opone.

En Mateo 18:19, dice: «*Otra vez os digo, que si dos de vosotros se pusieran de acuerdo en la tierra acerca de cualquier cosa que pidieren, les será hecho por mi Padre que está en los cielos*».

El ponerse de acuerdo da resultados en cualquier área. En el matrimonio, por ejemplo, aparte del amor, lo más poderoso que puede haber es la comunicación abierta y la confianza del uno hacia el otro. Otro ejemplo de ponerse de acuerdo es del pastor con su equipo ministerial.

Si en el liderazgo hay una persona que piense diferente a la visión que Dios le ha dado al pastor, impedirá en gran medida que caiga la bendición en la esfera en la cual se está trabajando. De modo que ponerse de acuerdo en una misma mente, no solo es eficaz dentro de los ámbitos cristianos, sino que es una estrategia antigua que siempre que se aplique obtendrá resultados.

La torre de Babel es un ejemplo de tener una sola mente (véase Génesis 11). Ellos se unieron para un propósito específico y lo hubieran logrado si es que Dios no interviene a tiempo. Estaban llegando muy lejos, y eso hubiera sido muy peligroso para la tierra y para el propósito que Dios quería realizar en favor de su pueblo.

Podemos ver entonces cómo en el pasado y en el presente se han levantado fuertes alianzas que han trabajado con una misma mente y han logrado sus objetivos, ya sean estos buenos o malos. El secreto consiste en trabajar en equipo y tener una misma mente para llegar al objetivo planificado.

Podemos ver que existen congregaciones que dicen representar la Iglesia verdadera de Cristo en la tierra, pero se dividen y le muestran al mundo entero una imagen de incompatibilidad, inestabilidad y mal ejemplo.

Amalec se vence creyendo y accionando en la unidad. Así como reconociendo que un equipo es más poderoso que uno solo. En la unidad se pierde la idea de supremacía, de ser el único o de creerse el más importante. Dios no hace acepción de personas, eso nos da a entender que para los ojos de Él todos somos iguales, simplemente a unos se les ha dado más responsabilidad que a otros.

El rey David es un ejemplo de trabajo en equipo semejante al del Reino Mesiánico. Al analizar su corte vemos que David tenía:

- Príncipes
- Generales del ejército
- Cancilleres
- Sacerdotes
- Secretario personal (Savsa)
- El profeta Natán
- Consejeros
- Los valientes eran su mano derecha

En ese tiempo había en Israel *un millón cien mil que sacaban la espada* y en Judá *cuatrocientos setenta mil* (véase 1 Crónicas 21:5).

En el gobierno del Reino hay muchas funciones, solo que están destacadas por responsabilidades. Están los guerreros, profetas, sacerdotes, reyes, súbditos, hijos, cancilleres, secretarios, tesoreros, etc. Si todos tienen una misma mente, lograrán llevar a cabo el plan más perfecto que es vivir en armonía y paz.

Otra forma de vencer a Amalec se logra muriendo a la voluntad personal (el YO).

Hay que luchar por poner en práctica la oración que Jesús hizo antes de morir: *«Padre, que sean uno como tú y yo somos uno»* (véase Juan 17). Esta es la petición más inteligente que alguien pudiera haber hecho jamás. Jesús la pronuncio antes de llegar al propósito central por el cual voluntariamente se había entregado: *«Que todos sean uno; como tú, oh Padre, en mí, y yo en ti, que también ellos sean uno en nosotros; para que el mundo crea que tú me enviaste»* (Juan 17:21).

La Iglesia, como asamblea, se junta para lograr la unidad porque ella está en Jesús y Jesús en el Padre. El Padre y Cristo con el Espíritu Santo siempre han trabajado en equipo, siempre han existido los tres que son uno, tienen una misma mente, nunca se han dividido y así han permanecido eternamente y será hasta siempre. Por eso su nombre es *YHVH* (Jehová), que significa «ser», «el que existe en sí mismo». Eso nos da ejemplo de que sí se puede vencer como equipo.

¿Cómo se vence la guerra contra Agag?
Con la unción de establecimiento profético. Samuel representa la gloria restaurada, el sacerdocio santo, transparente, íntegro y genuino.

El odio solo se vence con la verdad y la cubierta del poder de Dios. La unción profética es tan importante en el día de hoy como el ministerio pastoral.

El profeta no es solo el que profetiza inspirado por el Espíritu Santo, sino que es aquel que ejecuta y establece la justicia de Dios a través de los actos del testimonio de la verdad que es respaldado por la presencia de Dios.

Samuel no caminaba tratando de llenar el ojo de los demás, sino que testificaba por la palabra que oía de parte de Dios. Samuel sabía que la voluntad de Dios era acabar con sus enemigos porque si no lo hacían, se levantarían con más poder en la siguiente generación. Agag es vencido por la justicia divina de la mano de un hombre recto que sabe oír y obedecer su voz.

Saúl se dejaba llevar por los sentimientos. Hoy los siervos no se pueden dejar llevar por sus sentimientos. Por el contrario, deben ser ágiles y llevarse por el

Espíritu de Dios cubriendo su mente para no caer en las trampas del enemigo. Samuel hace juicio como profeta y sacerdote delante de Dios.

SAMUEL TAMBIÉN REPRESENTA A LA INTERCESIÓN Y EL ALTAR QUE LOS PROFETAS LEVANTAN CADA DÍA. ES LA VERDADERA VOZ DE JUICIO Y BALANZA ANTE LA MENTIRA Y EL ENGAÑO.

El profeta Joel profetizó: «Entre la entrada y el altar lloren los sacerdotes ministros de Jehová, y digan: Perdona, oh Jehová, a tu pueblo» (Joel 2:17).

El clamor de los ministros y siervos abre las puertas de los cielos para detener la maldad del odio, la persecución y aun el juicio que Dios puede enviar por causa del pecado. El acoso se levanta contra los justos y la congregación de los santos, no contra los que hacen alianzas de confabulaciones para engañar y estafar al inocente, pues son los santos los que con sus vidas testifican de la verdad.

La unidad en la oración es vital en medio de la crisis, la desesperación, el hambre y aun en las plagas.

LA ORACIÓN HECHA EN ACUERDO SE HACE NECESARIA EN ESTOS TIEMPOS PARA RECIBIR LA RESPUESTA APROPIADA A LA NECESIDAD ACTUAL.

Sé libre del rencor

La Biblia dice: «*Velad y orad, para que no entréis en tentación*» (Mateo 26:41). La palabra «tentación» aquí se refiere a *peirasmós*, que significa «poner a prueba (por experimento del bien o del mal) en medio de la adversidad». Es como si te digieran: «No te duermas espiritualmente, más bien quédate con los ojos abiertos sin dejar de orar sin cesar para que no entres en prueba ni pases a experimentar lo malo a fin de poder ser libres de la adversidad».

¿Cómo se vence la guerra contra Amán?

El ayuno unido de tres días de toda una nación creyente venció la orden sellada por el rey. Amán fue sentenciado con la misma arma que él mismo usó. La horca que preparó para Mardoqueo fue para él y sus hijos.

Se debe reconocer que la muerte planificada era para todos los judíos que vivían bajo el régimen del Imperio Persa. La matanza iba a ser de grandes proporciones. El corazón de Mardoqueo se unió con el de Ester y lograron llevar a cabo el plan más poderoso que fue el de «reunir en ayuno a todo el pueblo judío por tres días sin comida y sin agua». Entonces, de manera maravillosa y por respuesta divina, esa ley que destilaba muerte no prevaleció sobre el pueblo escogido.

EL AYUNO UNIDO CON CLAMOR A SU DIOS FUE EL ARMA MÁS PODEROSA QUE PUDIERAN USAR PARA SALVAR SUS VIDAS DE LA MUERTE.

Aprende de este ejemplo tan práctico: ¡Sí se puede vencer el odio!

¿Cómo se vence la guerra contra Herodes?

Mandándole confusión al enemigo de parte de Dios y por el juicio divino. La Palabra de Dios dice que Herodes se confundió. Si bien José, el esposo de María, por un momento también fue confundido, el ángel del Señor se le apareció en sueños y le trajo paz para recordarle que lo que hacía estaba bien hecho porque esto venía de parte de Dios.

Aunque José no entendía en el momento, debía confiar que Dios estaba en total control de la situación. Él recibió consuelo y dirección con respecto a María y, sobre todo, entendió que tenía que creer y confiar totalmente en su Dios.

NO SIEMPRE COMPRENDEREMOS TODO EL CUADRO GLOBAL; PERO UNA COSA DEBEMOS SABER, QUE SI DIOS ESTÁ EN EL ASUNTO, DEBEMOS CONFIAR Y SEGUIR ADELANTE.

¿Cómo se vencerá la guerra contra el anticristo y el sistema mundial?

El ejemplo de la rebelión de Coré

El ejemplo está en la rebelión de Coré contra Moisés y el castigo que Dios mismo le dio. Así como Dios en el desierto castigo a Coré, Datán y Abiram (véase el Salmo 106:16) y a todas sus familias porque se unieron para ir en contra de la palabra de Dios dada por Moisés, se ve cómo estos tres formaron una alianza contra la verdadera voluntad de Dios y su profeta. Esas alianzas son tan fuertes contra los conceptos divinos que nadie puede vengarse de ellos, solo el Señor.

Coré y Abiram representan la rebelión contra la ley y el orden de Dios establecido en la tierra. Este castigo es muy similar al que el mismo sistema de control mundial recibirá al final de los siglos. El principado que fue evolucionando a través de las edades hasta llegar a ser el dragón, aquel que le da todo su poder a la «bestia», está constituido de odio, soberbia y hambre de venganza.

Este será vencido por la misma presencia de Dios. Hoy en día, esta bestia está escondida detrás del terrorismo, el crimen organizado, el odio racial, los asesinatos y las sectas fanáticas, manifestándose en el corazón a través de la indiferencia frente a la necesidad humana. La visión dada al apóstol Juan anuncia que al final será tragado por la tierra y enviado vivo al Seol. Algo similar a la rebelión de Coré.

Otra vez la historia se vuelve a repetir. El ciclo del pasado vuelve a iniciarse. En Apocalipsis 12 se dice que Satanás (el dragón) le dará todo el poder a «la bestia». Este es un nombre figurativo a la unión política, económica y social del sistema mundial que gobernará sobre la tierra con un cabecilla que los presidirá, bajo la influencia del espíritu de iniquidad, llamado «el inicuo» y que iniciará su más terrible persecución de odio contra los santos. Será un breve tiempo el cual será permitido por Dios.

Tenemos bien claro que no lo hará solo, sino que lo ejecutará con otros que representan a su vez a las naciones o los reinos de la tierra. Por supuesto, estarán todos de acuerdo y con una sola mente (por lo menos después de varias guerras de sumisión).

Este acto proveniente del dragón (Satanás) será el darle todo el poder al sistema mundial (Nuevo Orden Mundial). Esto será similar a entregarle el anillo de autoridad (diabólico) a cada una de las diez cabezas. Si bien hay un cuerno que sobresale de los demás y que habla porque tiene ojos y boca (véase Daniel 7:8), no es de dudar que será la voz parlante directamente del dragón al mundo.

El apóstol Juan dice: «*Y este es el espíritu del anticristo [...] y que ahora ya está en el mundo. Hijitos, vosotros sois de Dios, y los habéis vencido; porque mayor es el que está en vosotros, que el que está en el mundo*» (1 Juan 4:3-4).

En 2 Tesalonicenses 2:2 se le llama de la siguiente manera: «*el hijo de perdición*».

Sé libre del rencor

La persecución por un poco de tiempo

Durante la historia siempre ha reaparecido el odio y se ha manifestado a través de hombres que tenían diferentes nombres. El nombre que tiene ahora no lo sabemos, lo que sí tenemos claro es que se levantará con el mismo espíritu de estos hombres, pero con más poder y autoridad delegada, a fin de perseguir todo lo que proviene de Dios y de su Cristo.

No importa el nombre que tendrá, lo importante es el trabajo que desempeñará con una increíble fuerza sobrenatural nunca vista.

En Daniel se nombra como el cuerno que se destaca y se levanta movido por un espíritu de ambición y codicia; con sus decretos ya previos contra el remanente de Dios, perseguirá a los que hayan quedado en la tierra.

Ese tiempo será breve y su inicio y fin solo estará en las manos del soberano Dios. Nada de lo que acontecerá estará en las manos de los impíos, ni será dentro de sus decisiones. El Señor lo permitirá y lo que viene ya está escrito por los profetas.

La Palabra de Dios dice que no se hará nada sin que el Señor lo revele a sus siervos los profetas: «¿Rugirá el león en la selva sin haber presa? ¿Dará el leoncillo su rugido desde su guarida, si no apresare? ¿Caerá el ave en lazo sobre la tierra, sin haber cazador? ¿Se levantará el lazo de la tierra, si no ha atrapado algo?

De serpiente a dragón

¿Se tocará la trompeta en la ciudad, y no se alborotará el pueblo? ¿Habrá algún mal en la ciudad, el cual Jehová no haya hecho? Porque no hará nada Jehová el Señor, sin que revele su secreto a sus siervos los profetas. *Si el león ruge, ¿quién no temerá? Si habla Jehová el Señor, ¿quién no profetizará?»* (Amós 3:4-8).

Hoy en día «la Iglesia» está presente sobre la tierra y es la sal de ella, así como la luz, y su misión es preservar la tierra de la amenaza de la maldad. La Iglesia también es la luz del mundo. Isaías habla que las *«tinieblas cubrirán la tierra»*, pero le da una promesa acerca del remanente escogido: *«Mas sobre ti amanecerá Jehová»* (Isaías 60:2).

La Iglesia está militante y deteniendo la maldad porque a ella se le ha dado la autoridad del nombre de Cristo... *«y las puertas del Hades* [el imperio de la muerte] *no prevalecerán contra ella»* (Mateo 16:18).

La palabra «prevalecer» en griego es *katisjuo* que significa «superar, vencer o derrotar». Debemos entender que mientras la Iglesia milite sobre la tierra, el imperio de la muerte no podrá derrotarla. Una vez que la Iglesia sea quitada, la humanidad quedará en tinieblas.

DIOS LE HA DADO EL PODER A LA IGLESIA DE SER VENCEDORA SOBRE LA MALDAD; PERO HOY EN DÍA, MENOS DEL CINCUENTA POR CIENTO DE LOS CRISTIANOS

SABE USAR A PLENITUD ESTE PODER DELEGADO POR DIOS A SUS VIDAS.

El objetivo del Nuevo Orden Mundial será reducir la población (sin importar niños, etnias, ni familias). Este sistema tratará por todos los medios de llevar a cabo macabros pactos. A pesar de este objetivo, habrá muchos que serán salvos a través del dar su vida por causa de su fe. A estos hace referencia Apocalipsis 7:13-14, cuando dice: *«Estos que están vestidos de ropas blancas, ¿quiénes son, y de dónde han venido? Yo le dije: Señor, tú lo sabes. Y él me dijo: Estos son los que han salido de la gran tribulación, y han lavado sus ropas, y las han emblanquecido en la sangre del Cordero».*

El Espíritu Santo está en favor de la Iglesia

Hay una promesa en 2 Tesalonicenses 2:7 que nos llena de aliento: *«Porque ya está en acción el misterio de la iniquidad; sólo que hay quien al presente lo detiene, hasta que él a su vez sea quitado de en medio».*

Este texto nos da a entender que desde la primera ascensión de Cristo, ya se comenzó a soltar sobre la tierra la venganza en contra de los fieles cristianos y añade que lo que se está deteniendo, que es el odio encarnado contra los santos, se manifieste a plenitud.

El único que puede llevar a cabo tal ministerio de impedimento es el poder del Espíritu Santo. Mientras el Espíritu Santo resida en la Iglesia, que es su templo, esta obra de impedimento continuará y el inicuo no podrá manifestarse. Solo cuando la Iglesia sea quitada, este ministerio de impedimento cesará de detenerlo y la iniquidad llegará a su cúspide manifestando al anticristo.

Cuando sea quitado de en medio, podrá revelarse «el odio encarnado» en pleno sobre la faz de la tierra. En este texto de 2 Tesalonicenses se nos habla de la forma en que opera el misterio de la iniquidad. En otras traducciones se refiere a que trabaja *«operando siempre bajo tierra»*, es decir, «siempre ha existido, pero sin poderse manifestar en pleno».

Indiscutiblemente, Dios es el único que dará la orden cuando sea el momento preciso en el que será quitado lo que hasta el presente lo detenía. La traducción en la *Biblia de Jerusalén* dice: *«Tan solo con que sea quitado de en medio el que ahora le retiene»*. Esto da a entender que alguien está designado y está ubicado «en medio» deteniendo en el camino algo que quiere pasar. El espíritu de odio y venganza se ha seguido moviendo «bajo tierra». Sin embargo, Dios, en medio de los tiempos, siempre levanta aquellos que ganan batallas por la fe y la oración. Dios te quiere hacer más que vencedor en el terreno que Él te ha colocado dentro de la Iglesia en que estás hoy combatiendo como el cuerpo de Cristo.

Cada uno debe ganar su batalla

La gran guerra de los siglos y el establecimiento del Reino de Dios en la tierra le pertenece solo al Dios Creador y Todopoderoso Rey, Jesucristo. Él es el ganador y lo hará a través de su poder sobrenatural. Esta es una guerra entre el odio y el amor, entre la soberbia y la humildad entre el corazón altivo y el corazón quebrantado. Hay una guerra constante y la tienes que ganar. Ganar la batalla no es ganar la guerra. Por eso tú debes ser vencedor «en tus batallas». Tienes que tener presente que todo espíritu de odio y división que se levante contra ti, si eres de los creyentes, vencerás. Como venció Josué, así como el líder e intercesor Moisés y Aarón, Ester y todo el pueblo que oró y ayunó, así mismo tú vencerás.

Cristo ya ganó la guerra

Cristo en la cruz del Calvario ya ganó la guerra y, a su tiempo cuando el Padre así lo establezca, será honrado por todas las Naciones: *«Y Judá también peleará en Jerusalén. Y serán reunidas las riquezas de todas las naciones de alrededor: oro y plata, y ropas de vestir, en gran abundancia. Así también será la plaga de los caballos, de los mulos, de los camellos, de los asnos y de todas las bestias que estuvieren en aquellos campamentos. Y todos los que sobrevivieren de las naciones que vinieron contra Jerusalén, subirán de año en año para adorar al Rey, a Jehová de los ejércitos, y a celebrar la fiesta de los tabernáculos»* (Zacarías 14:14-16).

Muchos textos proféticos anuncian cómo las naciones de alrededor le traerán sus riquezas honrando al Rey.

Solo Cristo es el vencedor

¿Quién podrá quitarle la gloria al único que se la merece? La Iglesia solo recibe los beneficios del Calvario y por eso es salva y triunfante. Sin Cristo, no es vencedora, pues todo se lo debemos a Él.

Dentro del tiempo de la eternidad Él solo será el vencedor. Los que le siguieron hasta el fin y los mártires por su causa reinaran con Él. Los que son dignos de sentarse en los tronos juzgarán a las naciones porque todo el triunfo es para el Cristo de la gloria.

¿Por qué vamos a creer que la Iglesia está ayudando a establecer el Reino, cuando el Padre le ha dado solo a Él todo el dominio, la gloria y el poder, y solo ante Él se doblará toda rodilla? Las profecías bíblicas dan énfasis al resplandor de su venida y de la espada en su boca con la cual destruirá a sus enemigos y con eso solo dará evidencia que Él no pelea porque YA ES VENCEDOR.

Jesucristo venció a sus enemigos en la cruz del Calvario, ahora en su segunda venida solo regresará para tomar el Reino. El Reino no lo toma la Iglesia porque el Padre se lo dio a Jesucristo y Él le entregará el poder de reinar en la tierra porque ha vencido.

Sé libre del rencor

La Iglesia no es la protagonista porque todo el centro del universo el Padre Dios hizo que fuera de Él.

CRISTO ES EL QUE MURIÓ Y RESUCITÓ Y ESTÁ SENTADO A LA DIESTRA DE DIOS, EL CUAL VOLVERÁ COMO VENCEDOR. POR LA FE EN ÉL, LA IGLESIA RECIBE EL PODER DE SER PARTÍCIPE DE LA HERENCIA DE CRISTO Y DE REINAR CON ÉL.

La gran guerra de los siglos y el establecimiento del Reino de Dios en la tierra solo le pertenece al Dios Creador y Todopoderoso Rey, Jesucristo. Él es el ganador y lo hará a través de su poder sobrenatural. Esta es una guerra entre el odio y el amor, entre la soberbia y la humildad, entre el corazón altivo y el corazón quebrantado.

¡A ÉL SEA TODA LA GLORIA POR LOS SIGLOS DE LOS SIGLOS!

12

¡Libres del rencor!

El enojo un paso al «rencor»

Queremos resumir, en breves palabras, lo siguiente: Es indiscutible que el enojo es una emoción muy peligrosa, y si se logra desbordar en exceso, se convierte en rencor que conduce a la ira. Por lo general, este fuerte sentimiento viene acompañado de molestia, aspereza e indignación. Sin duda, decimos que crece en el corazón por el resultado de una injusticia u ofensa *«que puede ser tan real que lo moleste por dentro, pero tan fantasiosa como lo es su propia imaginación»*.

La consecuencia de vivir bajo esa presión emocional puede ser tan peligrosa como una bomba de tiempo. A la larga, puede causar problemas físicos de tal manera que la persona poco a poco se va enfermando sin saberlo. Estos sentimientos provocan desequilibrios químicos que dañan tanto la salud como el cuerpo: jaquecas fuertes de cabeza, ataques cardíacos y úlceras sangrantes.

Sé libre del rencor

El rencor crece por la frustración. Esta es la señal que determina que la persona está luchando con sentimientos de hostilidad. Por lo general, se acrecienta cuando el individuo no llega a las metas trazadas en su corazón. Esas metas no siempre provienen de Dios. Muchas veces han sido ideas acompañadas por la presión de «la sociedad competitiva» en que se vive. Las metas son muy importantes, pero no siempre se pueden lograr.

Al pasar el tiempo, la frustración puede crecer tanto que cualquier chispa puede llegar a generar una gran explosión, pues la persona se sentirá culpable por dentro por no haberlo logrado. Eso hace que el resentimiento crezca enfocado en la persona o el objeto que se interpuso en su camino a fin de impedir su llegada.

«El resentimiento es uno de los principales ingredientes de los sentimientos de culpa». Las personas que guardan rencor se sienten culpables y airadas. Hay algunos que pasan gran parte de su vida luchando con eso. El no olvidar lo que alguien le hizo en el pasado lo hace esclavo de esa situación, dejando una herida abierta sin sanar. El problema es que cada vez que aflora ese sentimiento, siente lo mismo como si se acabara de producir el agravio.

Deshacerse del enojo es la mejor decisión que puede hacer alguien. Jesús perdonó en la cruz a los que lo estaban injuriando. Le pedía al Padre que los perdonara y que no tuvieran en cuenta su acción. Jesús no solo estaba perdonando a sus agresores, sino que te estaba perdonando a ti y a mí.

¿Cómo te libras del enojo?

Solo tú con la ayuda del Espíritu Santo lo puedes lograr. ¿Cómo? Reconociendo en primer lugar que la falla está en ti y no en los demás. Segundo, perdonándote a ti mismo y perdonando a Dios. ¿Será que Dios necesita que tú lo perdones? ¡Claro que no! Tú eres el que necesita ser libre.

DEJA DE BUSCAR CULPABLES Y RECONOCE QUE LO QUE NECESITAS REALMENTE ES EL PERDÓN DE DIOS.

Reemplaza el rencor por la obediencia a la Palabra de Dios, y la frustración por el gozo del Señor. ¡El Espíritu Santo es maravilloso! Permite que la fe y el gozo sustituyan tu culpabilidad y resentimiento. Así lograrás sentirte de forma diferente.

El gozo llenará tu alma cuando dejes de exigirte a ti mismo respuestas a preguntas difíciles como: ¿Por qué a ti te han sucedido estas cosas? ¡Deja de buscar culpables! ¡No te victimices más! Deja de enfocarte en el problema y extiende tu visión hacia delante diciéndote:

¡Sí se puede! Sí lograré cambiar el rencor por amor.

Cuando dejes de acusarte a ti mismo (o a los demás), empezarás a confiar en ti y en tu prójimo y una luz aparecerá en tus sombras. La situación cambiará radicalmente.

RENUNCIA AL RENCOR, Y A LA FALTA DE PERDÓN, PERDÓNATE A TI MISMO, DEJA A UN LADO EL DESEO DE QUERER CONTROLARLO TODO.

¡Déjate enseñar por el Espíritu Santo! Suelta tu propia seguridad y créele a Dios de todo tu corazón. Dios es perfecto, bueno y justo. Los errores son causados por los seres humanos, no por Dios. ¡No te olvides que Jesús, a través de su Espíritu fiel, nos ayuda a salir de los errores! ¡No te dejes acusar más la mente por el enemigo!

Nunca permitas que el enojo y el rencor se mantengan en tu corazón. Si aprendes a vencerlo dentro de ti, lo vencerán tus futuras generaciones. No importa cuán duro te hayan tratado en la vida. Ten presente en tu mente que Cristo pagó por eso.

El amor contra el odio

Jesús es amor en esencia no en palabras. Él se hizo amor y tomó un cuerpo de hombre para salvarnos. El amor es lo contrario al rechazo. La sociedad entera es acosada por el rechazo. El rechazo es el desprecio sin afecto natural que se le puede hacer a una persona.

¡Libres del rencor!

El amor de Dios es un tema poco predicado y poco practicado, se necesita hoy un bautismo de amor para ser libres totalmente del rencor y de la ira retenida. El mundo habla de «querer» y este es un acto egoísta de retener solo para uno mismo. «Yo te quiero». Es decir, yo quiero eso para mí solo, esta es una forma de canalizarlo todo hacia el egoísmo; el querer es egoísta porque no comparte, más bien cela. Sin embargo, el amor es entrega por los demás, no tienen límites, ni es egoísta, no guarda «RENCOR».

Aquí está el secreto, tú que fielmente has seguido página a página de este libro hasta llegar al final, ¡SÍ SEÑORES!, el derrumbe del odio es el amor verdadero de Dios. Amar a los que nos injurian, no queriendo devolverles mal por mal, sino al mal devolver el bien... Pareciera que estamos hablando un lenguaje extraño de otra galaxia. No obstante, más que el deseo y el lenguaje, esa es la acción que debemos practicar: el amor *ágape*.

Indiscutiblemente, es un misterio entender cómo Dios es infinito y no tiene principio ni fin. Es un don, un regalo que pocos lo tienen y lo usan. Es fácil decir: «Yo amo a mi mujer» o «Yo amo a mi esposo», cuando están en luna de miel, pues eso es amor *eros* dado por Dios, por supuesto. Sin embargo, el verdadero amor se demuestra con los demás, con aquellos que nos hieren, con aquellos que nos odian y procuran calumniarnos, con aquellos que nos han traicionado, ahí es que se manifiesta el único y verdadero *ágape*. El mundo no necesita tanta contradicción de doctrina y dogmas, tantas divisiones y el afán de la superioridad. El mundo necesita ver la oración de Jesús hecha realidad: *Que sean uno... que se amen los unos a los otros.*

El deseo al escribir este libro es que cada uno de nosotros marque la diferencia. Un día, la esperanza dejará de ser porque no la necesitarás más. La fe que aquí podías usar tanto, un día se acabará. La forma de vida cambiará y lo que hoy parecía indispensable mañana en un nuevo tiempo, no tendrá valor. El dinero dejará de servir.

El regalo de la gracia es un período corto dentro de los grandes períodos marcados por Dios, y tiene una puerta que se llama Jesucristo: «La puerta de las ovejas». No obstante, esta puerta también se cerrará (comparada también como la puerta del arca). ¿Sabes lo que va a permanecer? Solo el amor. ¡Búscalo, pues es eterno! Ámalo, pues te va a servir siempre. Procúralo, pues es Dios mismo. *¡Dios te guarde de la hora de la prueba que viene sobre este mundo!*

Si quieres ser libre para siempre del odio, el resentimiento, la falta de perdón, la amargura y toda emoción negativa del alma que te ha tenido abatido y oprimido durante todo el transcurso de tu vida, haz esta oración declarando victoria sobre tu vida:

¡Libres del rencor!

«Escudríñame, oh Jehová, y pruébame; examina mis íntimos pensamientos y mi corazón» (Salmo 26:2).

Invocaré al Señor en oración y por medio del perdón seré salvo de mis enemigos. Hoy estoy dispuesto a perdonar a los que me hicieron daño en mi pasado. No juzgaré más sus corazones porque hoy reposo descansando en la justicia de Dios. Renuncio para siempre de las tinieblas del pasado, a fin de vivir en la luz de un nuevo y triunfante día que el Señor me ha preparado. Hoy seré como la oveja tomada en las manos del Buen Pastor. Ciertamente que Él ungirá mi cabeza con aceite y seré sano.

Entiendo que si no perdono, seguiré siendo esclavo de sentimientos de ira y odio que afectarán mi vida y a las de las personas a quienes amo también. Examina mis recuerdos dolorosos que están reprimidos en el fondo de mi corazón y no los guardes nunca más; renuncio a que mi corazón siga siendo la cueva de Edom. Tú eres mi Señor, en ti confío.

Dios y Padre eterno hoy clamo a ti para que me libertes por medio del perdón. Reconozco delante de ti que con mis fuerzas humanas no me es posible perdonar porque hay odio, impotencia y frustración dentro de mi alma. Sin embargo, hoy decido ser libre y entrego en tus manos mis recuerdos dolorosos y, a las personas que me hicieron daño, las perdono como tú me has perdonado a mí.

Ahora mismo suelto todo sentimiento de venganza. Entrego por completo todas las cargas que han podido oprimirme en la vida.

Tú me formaste con cuerpo, alma y espíritu, por eso sé que puedes sanar mi alma donde moran mis sentimientos y emociones destructivas. Puedo ser libre del rencor, la ira y el resentimiento. Sé que me hirieron, pero yo también lo hice. Gracias, Señor, porque tú me has perdonado.

Tú me dices en tu Palabra que es necesario perdonar hasta setenta veces siete y ahora entiendo que eso significa perdonar siempre para ser libre. Hoy quiero perdonar desde mi pasado, hasta el día de hoy y siempre. Declaro que soy libre de toda opresión y cadenas que me habían atado.

Señor, hoy tomo la mejor y mayor decisión en mi vida de perdonar para ser definitivamente libre. Gracias que me vistes en tu amor, rompiendo y quitando para siempre el odio. Sé que otros me hicieron daño porque estaban heridos dentro de su corazón. Así que hoy tomo la decisión de perdonarlos. Las cadenas del odio, el rencor y los resentimientos ya no me hacen más esclavo.

Perdono a mis padres, los perdono en el nombre de Jesús, y te doy gracias, Señor, porque ahora sé que no nací por casualidad ni en forma accidental, sino que tú quisiste que yo viniera a este mundo. Sé que siempre me amaste eternamente. Yo ahora perdono a mis padres.

Perdono a mi padre terrenal que estuvo ausente en mi infancia. A mi padre que me maltrató, me hirió o me hizo daño. Lo perdono porque solo tú conoces su amor herido. Muchas heridas le llenaron de odio su corazón y por eso no supo amarme. Ahora perdono a mi padre terrenal y soy libre de sus malos recuerdos.

Perdono ahora a mi madre por haberme rechazado, por haber intentado librarse de mí cuando yo estaba en su vientre. Te perdono madre y suelto el dolor que me ha causado y todo juicio destructivo que he levantado contra ti.

Te doy gracias, Señor, porque ya estaba escrito que yo vendría a este mundo, y te doy gracias por haber protegido mi vida. Gracias por tu Palabra que me declara: *«No temas, porque yo estoy contigo; no te desalientes, porque yo soy tu Dios. Te fortaleceré, ciertamente te ayudaré, sí, te sostendré con la diestra de mi justicia»* (Isaías 41:10, *La Biblia de las Américas*).

Señor, ahora perdono a los que me criaron en mi infancia. A mis familiares y otras personas que me cuidaron cuando era niño y no podía valerme por mí mismo. Perdono su falta de amor, sus ausencias, su incomprensión, su falta de abrazo cuando lo necesitaba. Perdono, Señor, su agresión física y gritos que me aterrorizaron; ahora los perdono porque sé que ellos no conocían tu sabiduría ni el verdadero amor, el amor que viene de Dios.

Perdono a los que me sembraron la semilla del odio por medio de sus actos de violencia. Los perdono porque nunca conocieron tu genuino y auténtico amor.

Ahora soy libre. Soy libre del temor a un Dios creado en mi imaginación; un Dios castigador por mis pecados porque fue el Dios que imaginé en mi infancia y cuando aún no conocía tu Palabra y tu amor perfecto. Sé que tú eres un Dios de perdón y de misericordia y yo te doy gracias porque ahora sé que eres mi Dios verdadero y das paz a mi corazón.

Ahora perdono a mi pareja que no supo amarme y me perdono a mí mismo. Perdono ahora a quien traes a mi corazón y lo pones en mis recuerdos delante de tu presencia...

Ahora perdono a todos aquellos que me hirieron y lastimaron. Desde hoy en adelante, no permito que el odio y la frustración me lleven a la derrota. Ahora mismo confieso que soy libre del temor al fracaso.

Perdono porque el perdón me libera de la culpabilidad, la ira, el rencor, la frustración, el temor y todo lo que me ataba al pasado. Perdono porque con el perdón puedo caminar sin la carga del ayer, sino siempre adelante para creer que tengo una vida nueva. Gracias, Señor, sé que tú seguirás trabajando con tu Santo Espíritu en mí, sanando todos los recuerdos dolorosos. No volveré a mirar la oscuridad del pasado porque tú me has limpiado.

Gracias por la sanidad de mi corazón y porque has roto mis ataduras en un mundo de tinieblas. Ahora

¡Libres del rencor!

estoy en tu luz... y tú eres la luz del mundo. Declaro y determino, en el nombre poderoso de Jesucristo, que soy libre para siempre del espíritu del odio y que él no tiene lugar más en mi vida, ni en mi familia. Creo que soy colocado en un nuevo nivel de bendiciones y victorias proclamando por doquier la libertad que solo me ha dado Jesucristo.

Bibliografía

Biblia de Estudio Arco Iris, Reina-Valera 1960, Broadman & Holman, Nashville, TN, 1995.

Biblia Plenitud, Jack W. Hayford, editor general, Reina-Valera 1960, Editorial Caribe, Nashville, TN, 1994.

Nueva Concordancia Strong Exhaustiva de la Biblia, James Strong, Editorial Caribe, Miami, FL, 2002.

Vine Diccionario Expositivo de Palabras del Antiguo y del Nuevo Testamento Exhaustivo, W.E. Vine, Editorial Caribe, Nashville, TN, 1999.

La Biblia de estudio MacArthur, John MacArthur, Editorial Portavoz, Grand Rapids, MI, 2005.

Wikipedia, The Free Encyclopedia, marca registrada de Wikimedia Foundation, actualizada el 22 de julio de 2004, http://en.wikipedia.org/wiki/Main_Page.